LE FLAMBANT NU

DU MÊME AUTEUR

*JÉRICHO, Éditions Alouette, 1963

*LES ESSAIS ROUGES, Éditions Alouette, 1964

*LES MONDES ASSUJETTIS, Collection Métropolitaine, 1965

*MANIFESTE SUBSISTE, Collection Métropolitaine, 1965

*CALORIFÈRE, Éditions Alouette, 1965-1966

*MANIFESTE INFRA suivi de ÉMISSIONS PARALLÈLES, Hexagone, 1967 (réédité en 1974)

*LE REPAS EST SERVI, Éditions Éternité, 1970

*POUR LA GRANDEUR DE l'HOMME, Éditions de l'Homme, 1971

*METS TES RAQUETTES, Éditions La Presse, 1972

*CHÔMEURS DE LA MORT, Éditions Mainmise, 1974

*ÉTERNELLEMENT VÔTRE, Éditions du Jour, 1974

*AMUSE-CRÂNES (aphorismes 1963-1973), Chez l'auteur, 1974

*LE PREMIER TIERS, réédition, tomes 1-2-3, des œuvres complètes de 1963 à 1975, Éditions Beauchemin, 1976

*INOXYDABLES, Éditions Beauchemin, 1977

*L'AUTOPSIE MERVEILLEUSE, Éditions Beauchemin, 1979

UNE PLONGÉE DANS MON ESSENTIEL, HMH, tirage limité avec lithographie de F. Toupin, 1982

LA PAIX ET LA FOLIE, Leméac, 1985

UNE PLONGÉE DANS MON ESSENTIEL, Guernica, 1985

*LE VOYAGE EN ARCTIQUE, Jacques Parisien et Marcel Depratto, 1986

A DIVE INTO MY ESSENCE, Guernica, 1990

L'OURAGAN DOUX, Leméac, 1990

LES MERS DÉTROUBLÉES, œuvres (1963-1969), tome 1, Guernica, 1993

DIX DOIGTS SUR LE RAIL, Leméac, 1993

DANS LES GRIFFES DU MESSIE, œuvres (1970-1979), Éditions Varia, 1998

LES HÉLICES DANS LA BOUCHE, à paraître, Leméac

Ses œuvres sur plexiglas, écrites à la main ou en tirage limité, font partie des collections permanentes suivantes : Université d'Ottawa • Groupe La Laurentienne • Université de Calgary • Bibliothèque nationale d'Ottawa • Le Protocole de la Province de Québec • Bibliothèque municipale de Montréal • Collection Lavallin • Université du Québec • Québécor • Musée de Québec • Université de Toronto • Université de Montréal • Grand Théâtre de Québec • Groupe S.N.C. • Collection Martineau-Walker • Fondation Girardin-Vaillancourt • Maison des arts de Laval • Groupe Saint-Hubert • Bibliothèque nationale du Québec • Ville de Longueuil, etc.

*Les ouvrages ainsi marqués sont introuvables dans leur édition originale.

CLAUDE PÉLOQUIN

LE FLAMBANT NU

Histoires vraies

LEMÉAC / ACTES SUD

Nous remercions le Conseil des arts du Canada de l'aide accordée à notre programme de publication, ainsi que la SODEC pour son soutien à l'édition.

© Leméac Éditeur Inc, 1998
ISBN 2-7609-9440-6

© ACTES SUD, 1998
pour la France, la Belgique et la Suisse
ISBN 2-7427-1961-X

Illustration de la couverture :
© *La Presse* (Photographie de Jean-Guy Talbot)

Au courage cru d'Yrénée Bélanger
sur les tables d'opération
À la grande Lise Bergevin
et à Pierre Filion qui ont cru en moi

Je conduis un taxi . Quelque part assis derrière, je n'ai pas de visage. Je suis là. Je suis toujours ébahi car ce qui ne stupéfait pas n'est pas. Je suis un poète dans le ventre d'une ville, d'une femme ou d'un requin. Je me suis vu dans le ventre ; je me suis suivi de l'âme. Fou je suis et je le sais depuis mon premier souffle. Me voici, dans mes histoires vraies.

Ma vie pourrait se comparer à un serpent cloué sur un fauteuil roulant avec un être humain dans son blouson.

Ce livre n'est pas chronologique, encore moins logique, car il n'y a jamais eu de chrono dans ma vie vécue en parallèle, en dessous, à l'envers et à reculons, en même temps à en faire rougir la mort de rage.

se plaindre de coliques intestinales et de mal au bas du ventre. D'heure en heure les douleurs sont plus fréquentes et plus fortes.

À 2 h 00 le père s'en va au bureau, mais aussitôt rendu on le rappelle, car «la maman a des douleurs fortes et constantes, a perdu liquide et mucus». Après examen, on l'amène dans la Dodge à l'hôpital, accompagnée de tante Gervaise la pomponnette. Enregistrement et installation au lit de la chambre luxueuse 469. Garde Lussier fait un toucher et transporte la patiente à la salle d'obstétrique et appelle d'urgence le docteur Fortier : le travail se fait très rapidement, au point que les gardes-malades n'ont pas le temps de faire toute la toilette. L'enfant est là à la vulve. Anesthésique à la veine et pression sur la tête. Le docteur Fortier s'amène. Stérilisation et en position de recevoir l'enfant qui ne se fait pas attendre. Deux trois douleurs et voilà le fils qui s'amène comme une torpille. Il pleure avec force – miction – l'enfant est quelque peu congestionné et le docteur Fortier lui ondoie le dos d'eau. Il coupe le cordon ombilical après quelques instants et le placenta ne se fait pas attendre non plus. Le docteur Doucet s'amène en cas de besoin d'anesthésie, mais l'enfant n'a pu goûter à son gaz donné avec tant d'art.

La patiente revient au lit et l'heureuse nouvelle se répand comme l'éclair. Téléphone à Mme Vilandré qui pleure de joie. Téléphone à La Tuque : malheureusement la maman de l'accouchée n'était pas là. On annonce cela à Vincent Dupont. Téléphone au Bureau de l'aviation au lieutenant-colonel Saint-Onge, qui reçoit la nouvelle avec le lieutenant-colonel Spalding : « *A junior is born, out of a drive without any blackout.* »

Puis la maman reçoit son enfant. Elle le trouve beau et l'aime comme personne d'autre ne peut l'aimer. C'est l'amour d'une maman pour son enfant. Elle veut le presser contre son sein, le garder avec elle. Gervaise trouve qu'il a le nez de son père. Elle pleurait en entrant mais cesse aussitôt. On dirait qu'il nous regarde avec ses deux grands yeux bleus et tous ont l'impression d'un enfant plus âgé. Il semble avoir faim. Il porte ses doigts à sa bouche. On dit qu'il pèse sept livres et quelques onces. Il est en vie. Je reviens à la maison et rencontre les *flight officers* Gibeault et Lambert. Je vois Mme Gibeault et leur annonce la venue du Messie. On prend un p'tit verre de bière. Ma femme m'appelle et me dit qu'elle a un téléphone de La Tuque...

Le petit revenant à La Tuque, sa mère doit prendre le train avec Napoléon. La grand-maman Dupont et Fernande à la gare Moreau, 5 h 15. »

*

En 1942, mon père s'étant porté volontaire en Angleterre, nous avons atterri à La Tuque ma mère et moi frais pondu.

Je suis toujours fier de relater ce qui suit au sujet de mon père. Après un raid au-dessus de l'Allemagne, d'où seuls quelques bombardiers revinrent, le silence était ahurissant dans le

mess des officiers. Le barman était debout attendant le Messie. Pas une goutte ne circulait sauf
sur les fronts et les joues de ces hommes qui en
avaient pourtant vu d'autres. Alors le docteur
Péloquin interpella le souffre-douleur du
groupe au bout du bar : Hey !!! L'autre tourne la
tête et mon père lui lance un « mange de la
marde » venu du cœur. Alors le cliquetis des
verres reprit – avec les rires, avec les tapes dans
le dos et tout le train-train de la guerre. Je
prends plaisir à me souvenir que le jour de
l'enterrement de mon père à Sainte-Victoire,
son village natal, ça sentait très fort le fumier,
car le fermier voisin de l'église épandait. Georges-
Étienne était fils de cultivateur.

Moi j'ai été « élevé » en Haute-Mauricie, à
Rosemont et à Longueuil. Quelle merveilleuse
enfance j'ai connue, et l'ado aussi, et la jeunesse
aussi. Encore maintenant, je risque ma vie et ma
santé sur les pavés des villes de nuit et dans les
mers Caraïbes avec les requins gentils jusqu'ici.
Je crois sincèrement qu'ils mettent à nu ma
carapace de risques de mes vies avant leur présence dans la mienne. Alors ils me font des gros
yeux, des démonstrations de leur savoir-faire en
natation, et me prennent pour un cactus sous-
marin, car j'ai déjà saigné bien avant. Quelle
sensation, quand même, de se retrouver dans
quatre, cinq pieds d'eau avec ces machines de
trois mètres.

*

1996. J'ai donc quitté encore une fois mon Québec tant aimé. Il était l'heure. Je suis maintenant à l'intérieur du Triangle des Bermudes dans le décor de la scène finale du *Silence des agneaux*. Encore une fois, avant mon départ, j'ai tout sacrifié, tout vendu, donné mon linge de ville, mes couvertures et mes draps Je suis dans ce bar de mer à six clients pas plus. C'est tellement cosy que, d'où je suis assis, je dois sortir dehors et rentrer par une autre ouverture pour aller pisser, et ressortir à nouveau dehors et réentrer m'asseoir en face à face avec ma bière. C'est l'âme de tous les bars faite chair. C'est indescriptible. On y annonce encore des hot dogs à 25 cents comme en 1956. Pas d'impôt ni de paperasses, ni d'inspecteurs ici.

Le proprio fait ses comptes à l'endos des sous-verres en carton et vous les refile ensuite sous votre bière givrée. Pour savoir s'il a fait une petite semaine ou une grosse, il les brasse comme un jeu de cartes. Après trois jours déjà, je ne grince plus des dents. Ça ne brûle plus dans mon ventre et mes épaules sont retombées en place. Deux ans au Canada dans la débauche totale. Je ne sais comment mon cœur a tenu. L'odeur de la mer me suffit. Cette chatte vierge a tout baisé avec ses langues, ses yeux, son côté femmes, ses doigts, ses jouets et son côté hommes.

Je lui appartiens. Mais pour combien de temps. Ma seule peur est de ne pouvoir écrire à fond ici sous ce ciel qui a les bleus. Les palmiers

15

sont tellement heureux, magnifiques et nigauds, qu'ils ne m'inspirent plus rien. Être bien n'a fait écrire que les imbéciles. Il ne doit jamais ne se trouver plus rien à escalader, autrement la fourmi éclate.

Souvenir en passant

Se rendant à la mer en passant par des chemins tortueux et perdus pour penser comme des langoustes qui n'aiment pas beaucoup les gens ni les routes, quelle ne fut pas notre mauvaise surprise de nous apercevoir que notre moteur était en feu. Deux problèmes. D'abord il n'y avait pas de sable – nous étions sur le corail –, et ensuite lequel d'entre nous, sinon les trois, pourrait monter sur le pare-chocs et pisser si le liquide était au rendez-vous. Et si oui, sans rire, car alors tout est foutu... Alors nous avons sauvé nos équipements de plongée et laissé brûler cette vieille Chevrolet de collection.

*

Hier j'ai été acheter un banc pour écrire. J'ai dû m'y rendre par bateau dans une mer déchaînée par l'hiver en passant par un endroit précis bien dénommé «La Colonne vertébrale du diable»... Ici il faut une grande discipline pour amener son corps à la table de travail, car la nature prend toute la place. Le lézard à la porte peut emporter vos pensées... Mais ça vient, car j'ai si faim d'écrire. Demain je pars à Nassau rencontrer des plongeurs afin d'organiser une équipe pour aller à la langouste et me faire des sous afin de tenir le coup. La poésie coûte la peau du cul quand on lui sacrifie tout de continent en continent, en passant par le bras de ces demoiselles.

Seuls les chattes de mer et le délire de ma vie me gardent dans cette vie, je crois. Ma copine et moi avons enfin trouvé celle qui partagera notre lit. Elle arrive demain. Je ne suis quand même pas plus niais que le diminutif prince japonais qui habite l'hôtel à côté avec trois. La morale de cette ancienne colonie britannique est si forte, avec des églises partout, que nous ferons passer notre compagne pour ma sœur, mariée à un éteigneur de puits de pétrole au Koweït, en spécifiant qu'il est très méchant. Car dans ces îles si tu as deux femmes, ils concluent vite qu'il y en a une de libre... Comme une tortue blessée par l'hélice de la vie moderne, je retournerai toujours vers l'onguent de la mer jusqu'à y disparaître à force d'être. En attendant, malgré mes mille aventures, tout ce que j'ai vraiment voulu dans la vie est de trouver la femme qui va me rendre complètement fou au point d'en être éternel.

Les saints innocents

Si tout le monde était fou comme moi, il irait bien mieux. Le monde des fous auquel j'appartiens n'aurait pas mis le monde en si piteux état. Avec vos Pater, maternités, l'intelligence, le passé des religions, le pouvoir, le succès et la gloire, vous avez fait monter le monde sur l'échafaud.

Aller aux extrémités et ouvrir le pourquoi pas n'ont rien à voir avec la réalité telle que conçue. Celle-ci manque d'air. La galaxie va éclater dans la gloire, mais elle aura disparu de ne pas avoir été au bout de tout. Dans le tout dire. Le tout penser. Le tout faire. Je me suis déclaré fou de ne pas vous ressembler, terriens tant aimés. Mes yeux ne dorment plus.

Toute ma jeunesse je fus horrifié par les *last calls* dans les bars. Je suis monté à La Tuque sept fois en taxi, en calculant bien mon départ de Montréal au *last call* à 3 h 00 a.m. pour arriver juste à 8 h 00 a.m., à l'ouverture de la taverne à La Tuque, où je suis allé boire avec mes chums des moulins de papier qui décidaient de prendre la journée off.

J'ai vécu une autre preuve de cette horreur lors de ma cuite monumentale à La Nouvelle-Orléans alors que j'étais fou de joie d'entrer dans des bars qui ne fermaient jamais. J'en suis presque mort en ayant attrapé une pleurésie double, suivi d'un six mois de sanatorium à Sainte-Agathe. En arrivant là, j'avais deux pintes d'eau dans un poumon. Mon copain de route d'alors ne fut pas aussi chanceux : son cœur a sauté en débarquant à Montréal. Au sana, quand un pulmonaire mourait au bout de son souffle, je lui demandais de faire vite pour nous laisser dormir tranquilles.

Mes randonnées volcaniques en taxi reviendront sur l'asphalte plus loin.

Une autre fois ma bombance et mon rejet du monde furent si forts que je décidai d'aller vivre dans un asile. Je pris le taxi pour me rendre au lac Édouard, au nord de La Tuque. Il y avait là un hôpital psychiatrique. Le docteur D. me reçut et me dit que je pourrais y écrire à ma guise, me montrant et m'ouvrant les classeurs plein de dossiers extraordinaires. Sauf qu'il ressemblait comme ça ne se peut pas à Peter Cushing... ou à Dracula. Je m'inscris donc plutôt à l'urgence de l'hôpital et Pepine vint me chercher. J'étais entouré de patients légumes, sortis tout droit d'un film.

Nous sommes retournés à La Tuque dans un autre taxi, glissant entre les montagnes pour nous amuser encore un peu comme toujours, jusqu'au bord de l'abîme final. Puis je rentrai à Montréal avec les lambeaux de mon âme pour vider le frigo de ma mère après six jours de délire, et retrouver enfin mes copains de la bohème.

Un jour, marchant à Montréal sur la rue Sainte-Catherine, on crie mon nom : c'était Gérald, mon ami d'enfance de La Tuque. On s'est engouffrés dans la taverne Vieille 300. On en a alors bu plus d'une, plongés dans des souvenirs indélébiles.

Il me raconte que 40-45 ans plus tard, il aperçoit encore dans le boisé, au cours d'une partie de golf, la corde dénommée «la swing aux Anglais» attachée à une vieille épinette sûrement centenaire. Ses confrères de golf au 18e trou ne comprennent pas son regard fixe et absent sur les verts.

Car il nous entend encore, garçons et filles, nous trémoussant il y a 40 ans et nous accrochant à cette corde au-dessus du précipice, en bonne compagnie de bécots volés, de cris et d'attouchements naturellement, car il fallait bien attraper les filles aux fesses pour ne pas qu'elles se blessent... C'était le seul endroit où le monde de fou vers lequel nous nous dirigions s'arrêtait de tourner. Ce lieu était aussi érotique que les maisons abandonnées où ça sentait l'amour.

À ce jour, Gérald passe toujours devant l'ancienne maison de ma grand-mère pour se rendre au moulin à papier. Gérald a bien ri quand je lui ai raconté que c'est là que j'ai vu mes premières femmes nues. Les corps les plus atroces qu'on puisse imaginer. Car moi, à 8 ans, je ne riais pas du tout, debout sur une chaise, caché derrière le rideau de la salle à dîner, les yeux entre la tringle et le plafond... C'est que ma grand-mère était corsetière. Elle faisait, hélas, des essayages à la maison.

Démoralisé, je croyais alors que toutes les femmes au monde étaient ainsi faites avec bourrelets (pour ne pas dire pneus) – ventres éclatés – seins manquants et des veines bleues venues de l'espace. Je ne pouvais imaginer que les belles petites fesses dures de la «swing aux Anglais» pouvaient devenir ainsi un jour. Ces femmes à corsets devaient être une autre sorte de femmes, une autre race venue tout droit d'un film d'horreur. Je voyais mon avenir amoureux sous un ciel bien sombre et je pensais me pendre à cette vieille corde usée, car ma vie venait de s'effondrer avant de commencer.

*

Tout enfant, je dormais parfois avec mes grands-parents. Encore là, que d'heures attristées à étudier mon premier sein, c'est-à-dire celui de ma grand-mère, sorti de la chemise de nuit. Autre vision d'horreur. Je priais afin qu'ils ne soient pas tous ainsi pour le reste de mes jours. Dès lors, je voyais la vie comme un véritable enfer sur terre. Et ce le fut.

Par la suite ma vision des femmes s'est un peu ajustée comme un corset de luxure sur mon cerveau profondément obsédé de beauté, de rires inhabituels et de petits cris délicieux.

*

Jeune enfant, mes parents m'embarquaient sur le train Montréal-La Tuque, me confiant aux soins du contrôleur. Je sens encore le billet agrafé à mon manteau. Ce train à vapeur était mon diable que j'allais suivre pour toujours. Je partais pour les horizons du plaisir et de l'inconnu, vers la Haute-Mauricie pleine d'aventures. J'habitais chez ma grand-mère, à qui je pouvais raconter tous les mensonges au monde en toute impunité. Me lançant ainsi dans ma vie, mes parents ont tué mes angoisses et mes peurs engendrées déjà par une trop grande réceptivité et une sensibilité de stradivarius. En fait, je fus poète bien avant d'écrire.

*

Pendant des années, je fus le seul enfant des deux familles. Une année, j'ai eu quatre cents cadeaux sous l'arbre. Noël, à La Tuque, durait trois semaines. Je hume encore les parfums mystérieux des forêts dans les chemises à carreaux de mes oncles. Leurs blondes me rendaient fou à l'idée de leurs ébats derrière les murs. J'étais la quatrième génération vivante, et j'ai très bien connu mes arrière-grands-parents. Mon arrière-grand-père s'appelait Thomas Simard. Il aiguisait des scies sur ses vieux jours, pour se faire de l'argent de poche... Je n'oublierai jamais ses mains grandes comme des chaloupes écorchées sur les rochers.

Il m'a fait aimer la pêche, et toute l'eau par ricochet, que ce soit le fleuve plus tard, les lacs du haut des airs, ou la mer elle-même... Il m'a montré tout enfant à prendre la perchaude dans le ruisseau avec un ver et à appâter un plus gros hameçon avec pour combattre l'achigan et le brochet dans la rivière Saint-Maurice en furie tout à côté, qui tentait de se débarrasser des billes de bois qui l'égorgeaient. J'étais au paradis.

Je vois encore mon arrière-grand-mère, digne et fière, toujours bien coiffée, qui, sur ses vieux jours et presque centenaire, portant sa plus belle robe avec jabot au cou, s'assoyait à la fenêtre pour s'amuser et rire de voir les situations cocasses et les démarches souvent spatiales des gens sur la rue. J'entends son petit rire pointu de sorcière. Un jour, alors que nous étions à la cabane à sucre, ma mère nous a fait pisser de rire en nous racontant que dans le métro, la semaine auparavant, elle s'était fermé les yeux à moitié, comme les Asiatiques, pour voir comment ils voyaient avec leurs yeux en amande. Elle avait passé une partie de l'après-midi ainsi... Cette belle moquerie court donc dans la famille. Et elle en remit, nous décrivant qu'elle avait rencontré un monsieur handicapé qui marchait les pieds vraiment arqués, par en dedans. Alors elle se mit à marcher ainsi une partie de l'après-midi tout en faisant ses courses pour avoir encore une fois la sensation de...

J'ai donc vraiment «honte» de ma folle mère magnifique... Et je ne parle pas de ma grand-mère maternelle Dupont, que mes oncles prenaient plaisir à faire pisser elle aussi dans sa culotte parce qu'elle était ricaneuse. Elle avait nom Rose-Hélène. Je les entends encore, ces méchants lutins : «Pisse, ma grosse co...» L'un d'entre eux l'a presque tuée, de peur cette fois : il s'était caché dans la cave avec de la boisson et de la bouffe. Elle croyait vraiment que tout le monde était parti. Il attendit et attendit... dans le ventre de cette grande maison. Le moment venu, il alla même jusqu'à traîner des chaînes sur le ciment, en plus, bien sûr de pousser des sons effrayants de sa voix rauque.

J'ai aimé ces coureurs de bois de bars et parfois de jupons toujours très corrects, pleins de tours pendables et pas méchants du tout dans leur belle folie de desperados devant la vie.

Un jour, oncle Vincent avait promis à son père Napoléon de devenir bon garçon, de prendre sa vie plus sérieusement et de descendre à Montréal chercher du travail... La belle affaire... À la gare, mon grand-père lui a donné un beau billet de 100 $. Mais le train avait des portes des deux côtés ! Il n'est jamais parti de La Tuque, car la taverne était, hélas ou par bonheur, tout près de la gare.

Quel bel homme, cet oncle. Il avait les cheveux bleus tant ils étaient noirs.

J'ai parfois joué avec mon moi-même à l'époque des premiers baisers, la langue sortie dans la bouche de mes premières blondes en pensant aux ébats amoureux de cet oncle avec sa maîtresse qui s'appelait «Fleur bleue»... Avec un nom semblable, ma tête d'enfant m'avait convaincu qu'elle était tout autant portée vers la chose que sa beauté était grande.

De toute façon, quand on jouait aux fesses dans les bois de La Tuque ou dans les ruelles, c'est toujours moi qui faisais le docteur, car mon père l'était... Encore aujourd'hui avec les jouets de ces dames, c'est moi qui mène le bal, les passant à l'une ou l'autre, les mettant dans leurs mains comme en salle d'opération. Après l'envol, je lave les jouets et les remets en place jusqu'au prochain voyage. J'écris aussi les scénarios, les positions imaginées ou à répéter, même si on improvise beaucoup.

Déjà à huit ans, pour mon plus grand bonheur, mes oncles m'amenaient avec eux dans des endroits mal famés et enfumés de la rue Commerciale, où se trouvait un magasin de meubles à l'arrière duquel ils prenaient un verre entre amis. Là j'ai entendu tout ce qu'un homme doit savoir.

Quelques années plus tard, j'ai rencontré Claudette, un peu plus âgée que la gang. Elle nous faisait mettre en ligne devant sa porte pour nous montrer comment embrasser en sortant la langue. On bandait bien un peu pour notre bas âge, mais on ne pouvait aller plus loin que ses seins. Quel martyre !

Une fois notre tour passé, on se remettait en ligne, la culotte un peu mouillée bien sûr, et on recommençait le manège. Je regretterai toute ma vie de n'avoir même pas essayé de la baisouiller (même sur le bord...) ou au moins de lui passer mon jeune doigt. Mais je me suis repris avec des centaines d'autres. Ça me console un peu.

Quels beaux après-midi de rêve on a consumés ainsi avec les montagnes derrière chez elle abritant les mystères du lac à la Pisse, du lac Canard, du lac Matelas et du lac à la Marde... Des générations y ont joué. Nous vivions alors un érotisme pur, car il passait en premier. Aujourd'hui, l'amour doit attendre les agendas et les occupations futiles de tout le monde pris dans l'engrenage. C'était aux abords de ces lacs que des générations avant et avec nous ont découvert les «mauvais touchers» et les premières odeurs du paradis. On appelait ça «jouer aux fesses» ou encore mieux «jouer au docteur»...

Comme j'ai souffert à cette époque d'avoir un front haut et cheveux frisés, alors que mes copains avaient de beaux «coqs» ou des «craques» à l'arrière, à la Elvis.

Brisé par en dedans, je m'étais vendu l'idée que plus jamais une fille ne voudrait de moi. Je m'étais heureusement un peu trompé. J'ai beaucoup été aimé et j'ai aimé fort aussi... Le sperme de l'aventure partout a préservé mon esprit et ma vie comme un formol.

*

Tout jeune je m'intéressais déjà aux courses d'automobiles et à toutes les sortes de courses : contre la montre, le sommeil et la mort, la course aux culottes qui tombent aux chevilles, la course aux belles inconnues partout partout. La chasse à courre aux filles conquises déjà par d'autres, mais avec qui tout n'a pas été fait... celles où il y a eu des oublis.

Un jour on partit de La Tuque pour se rendre à la piste de «stock-cars» de St-Eugène, en Ontario. C'était un long voyage en Pontiac pour nos yeux ronds, affamés de tout. Et dans nos jeunes têtes. C'était un énorme voyage. Plusieurs années plus tard, quelle immense joie j'ai eue aux

Bahamas, sur une plage déserte, lors d'un face à face avec la belle tête grise de John Surtees, mon héros de jeunesse, cinq fois champion du monde en moto, en plus du reste. J'irai aux 500 milles d'Indianapolis avant de mourir, si l'argent ne tue pas ce grand événement en le morcelant comme ils ont fait avec la boxe.

Je vois encore les colonnes d'eau derrière les hydroplanes à Détroit où l'un de mes oncles m'amenait. Il était médecin aussi... M'étant aventuré seul dans le port de cette ville, non loin de l'hôpital, des polices m'accostèrent. Je leur dis que j'attendais mon oncle à l'hôpital. Ils me prirent sous leur aile, m'expliquant les dangers sur les quais, et me firent visiter leur musée d'armes à feu. Jamais je n'ai eu les yeux si grands...

Plus tard j'allais devenir collectionneur d'armes de poing et un tireur habile dans le sport du tir à la cible, ce qui un jour allait aussi me servir en plongée à la chasse sous-marine. J'adore toujours les odeurs de la poudre, des huiles pour nettoyer les armes sans le sang, et les émanations d'éther. J'aime tout autant les odeurs de la gazoline ou du soufre d'allumettes. Toujours plus tard, j'eus aussi la joie de connaître personnellement, au Commodore Yacht Club, plusieurs pilotes de bateaux de course qui avaient compétitionnés sur la rivière des Prairies bordant Montréal. Les couleurs de leurs embarcations et de leurs habits étaient pour moi des tableaux abstraits.

Oui, j'ai toujours adoré le risque en tout, autant chez moi que chez les autres.

*

Durant les vacances d'été sur la rivière Saint-Maurice, je suivais avec la foule, installé dans une auto décapotable, la fameuse course en canots entre La Tuque et Trois-Rivières. Certaines années, je n'ai vu que le départ sans jamais être à l'arrivée, car nous voyagions dans de véritables bars sur roues.

Je me vois avec un raton-laveur trouvé en bord de route, décédé depuis quelques jours, enroulé au cou comme collet de fourrure et ami de mes délires, avec lequel j'avais des conversations nauséabondes et intimes.

À l'époque, mon père était médecin pour les travailleurs sur les barrages en Haute-Mauricie. Que de souvenirs fantastiques ! Je le vois d'ici, alors qu'il venait d'acheter une Buick de l'année, couleur saumon. Ça avait un peu fait fureur à La Tuque, car nous étions sûrement les seuls à cinq cents milles à la ronde. Je tiens de lui de porter des souliers rouges ou jaunes, des chemises à fleurs. J'ai toujours été assoiffé de lumière, même dans les vêtements. Au Québec, tout est noir-bleu ou grisâtre ou brun, et parfois blanc pour cinq-six mois.

Autre souvenir de La Tuque

Une locomotive apparut à dix pieds en avant de moi alors que je courais sur les rails, me sauvant de mes copains qui me lançaient des morceaux de citrouille éclatée. À aucun prix je ne voulais être souillé de cette couleur. Mais j'aurais pu l'être du rouge de mon sang, regardant derrière moi en criant pendant qu'eux aussi criaient, mais pour une tout autre raison.

Ô Érotisme du risque en tout... mon oxygène

Érotisme que j'ai connu à fouiller dans les vidanges d'un curé de petite église de campagne. Nous nous y glissions par les bois. Nous étions certains d'y trouver des condoms portant au rêve, ou des lettres d'amour, ou des secrets inconnus du monde entier. Ce qui nous aurait sûrement allumés pour une séance de masturbation, chacun pour soi. Il n'en fut rien au niveau de la découverte allumeuse, mais nous l'avons fait quand même en vitesse au grand soleil, chacun pour soi, accompagnés des mouches et de l'adrénaline.

Oui à toi érotisme qui me montes encore au nez et dans le bas-ventre, et me fais écrire. Érotisme venu de ces endroits magiques où ça sentait l'amour, c'est-à-dire le bon cul, comme dans cette chambre nuptiale d'un temple maya que j'ai escaladé au Mexique, ou dans ces granges à mystères, ou dans ces maisons abandonnées en plein champ. Jamais plus je ne ressentirai encore l'intensité de tels désirs de sexe. Aux Bahamas, c'est pire encore : si on mange beaucoup de *conch* cru, ça sort tout seul au bout. Alors il faut se trouver une femme ou une main ou un drap charitables dans les plus brefs délais. Dans mon enfance, le monde des chattes nous appartenait et s'ouvrait. Même aujourd'hui, avec deux ou trois femmes nues devant moi, je ne peux à ce jour avoir de tels feelings. Il me faudrait retourner dans ma mère et en ressortir à nouveau. J'éprouve une tristesse atroce à l'idée de débander jusqu'à la tombe. Ce n'est pas drôle la vie, j'aurai tout fait pour retrouver ces paradis d'enfance où tout était permis à nos cerveaux vierges, sans les contraintes de cette terre adulte et malade d'elle-même.

Dans les années 50, comme nous étions fiers en ces débuts de l'after-shave, tout pimpants, debout à l'arrière de l'église pour la moitié de la messe de Noël avec nos réserves de boisson forte dans la poche intérieure de nos longs manteaux d'hiver, comme des durs de la mafia, une Pontiac rutilante à la porte, trépidant à l'idée de retrouver nos blondes et leurs petits pieds dans leurs premiers talons hauts. Au pire nous aurons de longues danses lascives, au mieux la main dans la culotte du bout du monde, ou encore mieux, nous avons droit aux seins à découvert dans la cave. Debout à l'arrière de l'église, nous n'avions hélas aucune garantie d'avance. Ces provisions liquides allaient servir aux multiples « parties » qui nous attendaient de maison en maison, de lèvres volées en cœurs brisés, et fous de tomber en amour une nuit de Noël ou durant les vacances scolaires. Aujourd'hui les jeunes sont encore plus niais que nous, car ils font des enfants monoparentés avec des traits d'union dans leur nom.

Et durant les nuits debout, nous écoutions les stations radio des USA, car il y avait moins d'interférence qu'à Montréal. Nous étions donc à la fine pointe des nouveautés du hit-parade. Nous avions même trouvé le moyen de faire venir les tubes d'Elvis par train avant les magasins. Nous attendions nos colis directement à la gare.

Nous savions aussi très bien siphonner un peu de gazoline tard le soir pour circuler partout dans nos secrets de bombance et nos endroits malfamés. Il s'agissait de trouver un camion un peu plus haut que notre bazou sur un chantier de construction. C'était vital, car souvent nous faisions des escapades en dehors de la ville dans des débits de boisson toujours clandestins et toujours érotiques. Mon Dieu que j'ai eu du fun et que j'en ai encore. Surtout que je savais déjà que j'allais consacrer toute ma vie à l'écriture et à l'euphorie totale.

Je n'avais donc déjà pas (même avant le cours classique) les préoccupations d'une carrière ou la pression d'un avenir brillant ou de quelque réussite que ce soit.

*

À seize ans, je me suis retrouvé par hasard avec la gang dans un bordel ambulant au lac à la Tortue. Quel éblouissement de scruter de loin toutes ces filles teintes en vert des cheveux à la chatte, le bout des seins de la même couleur. On était vraiment à la veille de baiser sans retour, mais hélas surtout pas avec ces filles à bûcherons qui sacraient plus fort que leurs tattoos et qui avaient si mauvaise réputation

– réputétation, dirais-je – mais avec nos jeunes oreilles voyeuses nous tirions grand plaisir à prendre un verre avec tout ce monde coloré! Plus tard, dans la bohème, on posait moins de questions à nos copines qui passaient de l'un à l'autre...

Comme la Mauricie est le paradis de la «pitoune» (ou bille de bois) flottant jusqu'aux scieries, une couche de broue très épaisse se formait en certains endroits. L'un de nos plaisirs était de grimper tout en haut des ponts avec une grosse pierre dans notre pantalon ou notre chemise et de faire des explosions splash spectaculaires tout en bas. Belle occupation pour se tuer. Je ne suis pas surpris que mon père m'ait assuré pour un millon de dollars. Par exemple, quelle folie que de mettre des balles de carabine .22 sur les rails du tramway par plaisir du son, ou de tirer la manivelle du frein de secours sous la porte arrière, en pleine heure de pointe, l'hiver. Ça avait pour effet de stopper le tram très sec, les pauvres gens s'entassant les uns sur les autres sous nos éclats de rire.

Le St-Rock,
le St-Louis,
le Champlain (pas encore canonisé celui-là),
le Windsor (celui-là encore moins),
Chez Bedoche,
le 4 milles,
Chez Duchesne,
le Royal,
Chez Beaudet et j'en passe.

Autant de noms magiques de bars de la Mauricie où l'on a ri et désiré et vomi à se fendre l'âme.

*

Jusque dans mon adolescence, j'ai exploré les endroits secrets de mes oncles et grands-oncles. Que de belle clandestinité à la taverne La Patrie de Montréal, avec oncle Vincent qui cachait toujours son gin dans le bol de toilette. Je crois que je ne m'ajusterai jamais aux nouvelles pièces de monnaie, au virtuel, aux codes et à l'informatique ou à l'Internet ou aux cartes à puces. À ce jour j'écris toujours mes livres à la main, et j'ai hérité du feeling de la palette de billets de banque dans la poche arrière. Je ne suis pas un homme à plastique. J'ai hérité de toujours faire rouler l'argent, de ne jamais économiser pour le lendemain, dans le délire toujours, comme un bûcheron. Quand il n'y a plus d'argent, je bosse, j'invente. J'adore le dos au mur.

Anyway je n'ai pas demandé à venir ici, encore moins à faire attention.

Oui, comme un bûcheron, je vis avec les saisons.

*

Je me vois encore entre Montréal et La Tuque, sous zéro, en auto sport percée de partout, sans chauffage à bord, nos mains dans nos bottes (sauf le chauffeur, bien entendu).

À l'arrivée on avait encore soif. Alors on a bu plein de gin en dansant sur la musique d'un orchestre qui avait nom « les 5 oreilles. » En effet, ils étaient trois musiciens mais il manquait une oreille à l'un deux. J'avais 15 ans.

Un copain m'a vu monter sur une table, faire taire tout le bar plein à craquer de durs venus du bois, aller chercher le silence total, pour simplement dire : « Voyez la larme du poète. »

Avant mes années folles de collège, de voyages, de mer, de bohème et d'amours, tout le reste est éparpillé et flou et clair. Je me souviens de ce que je peux dans le tourbillon que je fus.

Rue Saint-Sylvestre

Et il y a eu Fernand à Longueuil, mon ami de qui j'ai beaucoup appris. Il était jardinier et portier de club avec des mains grandes et épaisses comme des murs. Je l'ai souvent visité avec une caisse de 24 bières. On regardait passer les navires. Il me racontait ses aventures contre les Allemands en Europe avec le régiment de la Chaudière et contre les hauts gradés de l'armée. Il prenait les patrouilles difficiles pour avoir plus de temps libre à faire la bombe. Il m'apprit que sa plus grande frayeur lui vint d'un chien qui lui passa entre les jambes une nuit, derrière les lignes ennemies. On a fait la «Main» ensemble comme Mutt and Jeff, déboulant les escaliers ensemble, car la bagarre éclatait souvent entre lui toujours saoul (et plus très jeune non plus) et les coqs nouveaux arrivés dans le milieu, qui le provoquaient pour lui casser le nez une ving-tième fois. J'attendais sous une table qu'on nous mette dehors… manu militari… ça va de soi avec lui. Il y a des avantages à côtoyer plus vieux que soi : on apprend vite ! Et pendant que je buvais avec Fernand au bord de l'eau à Longueuil, un fleuve pas encore enchaîné roulait doucement devant nous.

Plus tard, ils ont nivelé la mer devant nous et l'ont poussée dans les terres. Ce fut la naissance de la voie maritime du Saint-Laurent, de Baie-Comeau à Chicago.

C'est bien à Longueuil en 63 que j'ai publié mon premier recueil de poésie sur le bras du grand Michel Chartrand. J'étais apprenti à son atelier. On a imprimé 1000 exemplaires de *Jeri-cho*, numérotés, sur beau papier. Ensuite ce fut les *Essais Rouges* puis *Le Calorifère*, livre qui s'ouvrait en éventail. Sans Michel, mes trois pre-miers livres n'auraient jamais vu la nuit éblouie. Avec l'approbation douce et sévère de ce

Québécois de mon cœur, je partais les vendre, de tavernes en bars, à des prix de plus en plus bas selon les heures.

C'est à Longueuil que j'ai donné mes premiers récitals de poésie, en 1960, le dos à terre, les jambes sur la chaise, lisant comme si de rien n'était. Quelle belle bohème à boire du saké en regardant défiler les navires truffés de mystères. Ils emportaient mes délires imaginatifs et vagabonds avec eux en dansant.

J'ai toujours vu mon quotidien en un destin d'instant comme une impossibilité à mourir. En crachant à la face de la vie, la provoquant à ne jamais devenir molle, et préféré passer pour fou que de passer tout droit.

Le fait d'avoir reçu l'extrême-onction à ma naissance m'a toujours horripilé. À 54 ans je vis dans le respect de la mer à risques et à luxures de toutes sortes, qui me déchirent et me cerf-volent. La mer est la dernière frontière. C'est la dernière frontière encore propre pour devenir un homme et un écrivain.

*

Je vois d'ici la parade pour aller prendre quelques verres chez Bourgetel, bar privé et huppé pour l'époque sur la rue St-Charles à Longueuil. Le notaire de la place nous y amenait avec nos cheveux longs, nos copines multicolores, Fernand mon jardinier préféré, et autres personnages hirsutes. Le proprio, ancien para venu de France, avait déjà tout vu. Il nous trouvait toujours un coin, de toute façon on ne dérangeait personne, car nous fermions souvent la place. Ensuite nous allions dévaliser le bar de ce notaire qui rajeunissait en notre compagnie. Une nuit, après la mort de sa dernière bouteille, j'avais invité deux jeunes filles à boire de la vodka «italienne». Nous n'avions pas le choix : c'était de l'alcool à friction avec jus de citron, et jus de cerise sur glace bien entendu.

Elles n'y ont vu que du feu, bien entendu.

*

Dieu merci ma mère avait pris soin de me donner une chambre avec une porte-fenêtre qui donnait sur le balcon. Ainsi, je pouvais entrer de la rue à n'importe quelle heure. À la taverne du coin, j'ai eu une convocation au sommet avec le proprio, devant lui demander la permission spéciale d'y entrer avec mes cheveux longs en broussaille. C'était à la Chapelle, coin St-Laurent Sherbrooke. Même processus chez Terrapin rue St-Charles, avec ses vieux planchers de bois ondulés comme des vallons. Chez moi rue St-Sylvestre, il y avait du jus dans le bois vivant des colonnes et des balcons ceinturant la maison, comme en Nouvelle-Angleterre. C'était au bord de l'eau. Avec ces très hauts plafonds, c'était cauchemardesque de changer les globes brûlés. L'avantage de cette ancienneté était que les fenêtres étaient aussi des portes. Même les clochards sympas avaient droit de venir tremper leur main ou leur pied dans la peinture et ainsi

Photo : Antoine Désilets

laisser leurs empreintes ou leurs graffitis sur mes murs à côté des miens, au milieu bien entendu de quelques bouts de seins. Avant que je ne quitte le loyer pour toujours, c'était devenu un musée et une trappe pour les filles trop curieuses en mal de mon exotisme déluré. Des gargouilles volées veillaient sur mon rare sommeil.

Et le lit, mon « grabat » comme disait mon père, était au centre parmi mes écrits. C'était le bull's eye de la chambre. La famille de Michel Chartrand habitait en haut. Oui j'ai admiré cet homme magnifique, généreux, avec des mains larges comme le Québec, et un cœur de défricheur comme j'en ai connus sur les chantiers de la rivière St-Maurice.

Un soir d'hiver

Après avoir fait l'amour au cimetière (fallait faire vite à cause de la peur et du froid...), j'ai voulu avoir un trophée pour ma chambre-musée. Alors j'ai emprunté de force une petite croix de pierre chapeautant un monument. Je l'ai appuyée sur mon ventre et camouflée sous mon manteau. Hélas il n'y a pas assez de monde dans les rues désertes de Longueuil, tard le soir. La police n'a pas mis de temps à voir mon allure suspecte. Ce fut donc la taule, les téléphones de nuit, les contacts. Mais j'ai été vite pardonné, surtout que je connaissais bien un détective qui, comme les policiers de Détroit, m'avait pris sous son aile. Comme il m'avait impressionné en me montrant les photos d'un suicidé pendu à une poignée de porte, assis : quelle étrange position macabre et magnifique. Faut vraiment vouloir mourir.

*

Fasciné par la mort, je visitais parfois oncle Léon qui habitait les deux maisons à l'entrée du cimetière de Côte-des-Neiges dont il était le gardien. Ma tête d'enfant sentait déjà la pulsation de tant de pertes inutiles et notre pourriture lente camouflée qu'on appelle la vie. Quel

feeling de dormir à deux endroits, auréolés
d'émanations de phosphore.

Bohemia

Nos frasques ne se limitaient pas à Longueuil : toute la Rive-Sud nous appartenait, de Belœil jusqu'à la Gaspésie. Oh ! Les belles cuites au cidre acheté chez les fermiers de St-Hilaire que l'on réveillait souvent très tard la nuit, prenant soin de ne pas trop frapper nos cruches vides ensemble. Les réveils en plein champ étaient pénibles avec ce soleil méchant qui nous faisait craquer le visage. Mais on recommençait toujours, des jours et des jours de délire. C'était la Bohème.

Avec William nous allions en gang au ciné dans sa Cadillac convertible. Ayant choisi un film, nous abandonnions l'auto en pleine rue Ste-Catherine, créant un embouteillage monstre. On allait la récupérer quelques jours plus tard à la fourrière après avoir bien ri. Je n'oublierai jamais cet ami qui me fit parvenir un télégramme avant ma montée sur scène à la Place des Arts : «Salut Péloquin ! dis-leur ce que souvent l'on pense.» Dos au public, j'ai donné un récital de 4 heures. Les irréductibles restés jusqu'à la fin allaient se chercher des bières de l'autre côté de la rue. Un placeur venu me féliciter après le show me dit que, depuis l'ouverture de cette salle, c'était la première fois qu'il voyait des grosses bouteilles de bière vides rouler dans l'allée du milieu.

Lors de l'une de mes cuites, j'embrassai le fossé en moto. Un bon samaritain en mobylette s'est arrêté, m'a ramassé et amené à son camping. Je lui donnai aussitôt ma moto, instrument infernal qui nuisait à ma boisson. Trois jours plus tard, deux choses me faisaient atrocement mal : j'avais la cheville cassée dans ma botte, et je ne me rappelais pas si j'avais baisé sa sœur.

Un avocat m'appela plusieurs mois plus tard. Mon bon samaritain avait les deux jambes dans le plâtre et la police ne croyait pas que cette moto lui avait été donnée au bord d'une route par un inconnu qui avait fait venir de la bière par taxi à son camping avec la cheville cassée, tout en séduisant sa sœur.

*

Nous étions aussi monstrueux parfois. Au deuxième étage d'un atelier de poterie, saouls d'amour et de cidre, je me souviens qu'on a échappé volontairement quelques crottes venues de « je ne sais où » sur les bonnes gens touristant du dimanche après-midi qui visitaient une exposition de Garnier.

L'un d'entre nous prenait plaisir à baiser des poules, on riait comme des inarrêtables. Ce n'est pas tant le geste qui était « tordant » à voir (c'est le mot dans son cas acrobatique), mais sa façon de nous expliquer combien il lui était difficile de rester bandé pendant que la poule se débattait, lui lacérant les couilles de ses pattes.

Il nous décrivait toute la coordination néces-
saire entre se garder bandé et préparer le trou.

*

Par un bel après-midi d'été, je déambulais sur
un pont de la rivière Richelieu avec une jeune
fille de bonne famille qui me trouvait beau, car
malgré notre allure très préhistorique, nous atti-
rions souvent les filles réservées qui voulaient
s'envoyer en l'air avec l'Halloween lui-même.
Tout doucement je lui donne un bec sur sa belle
gueule. Elle ferme les yeux. J'enjambe le para-
pet et me jette à l'eau dans la rivière brune avec
un grand cri – je suis ressorti un mille plus loin –
j'entends encore ses cris pendant que je déri-
vais. Je ne l'ai jamais revue. Ça me fait moins
mal encore aujourd'hui de l'avoir perdue car je
l'avais déjà séduite. J'ai cependant un peu de
peine car on n'avait pas tout fait ce qui me
passe aujourd'hui par la tête.

Elle sculptait des boutons à quatre trous

J'avais une maîtresse artiste pour qui je prenais
le bus. On se déshabillait en vitesse de clandestins dans son atelier derrière chez elle, avant
que ses parents reviennent. Je l'ai aimée. Je me
souviens de nous flambant nus à Cape Cod, sur
le siège arrière de l'auto de je ne sais qui... Je
n'ai jamais conduit de ma vie avant l'âge de
46 ans. Pour la première fois, au Bahamas, j'ai
eu droit à un cours de conduite dans une

gambarde qui penchait sur la gauche. Mes amis professeurs ne croyaient pas que je n'avais jamais eu de permis. Je leur ai répondu que c'était pour cette raison que j'étais encore en vie à ce jour. Je lui passais le doigt avec délices mais son visage changea aussitôt : «Ça chauffe.» En effet, j'avais oublié de me laver les mains, elles étaient encore pleines d'une huile à bronzer venue d'un fruit de l'enfer. C'est tout jeune, à la mer, que j'ai commencé mon combat contre le soleil que j'aimais tant parce que toujours assoiffé de lumière.

En effet, tout jeune, j'avais les cheveux blonds, les yeux bleus mais la peau très fragile, parce que, disait mon père, ma mère m'avait trop lavé. J'avais donc des problèmes avec le soleil : zonas, cloques d'eau, taches rouges, coups de soleil, fièvre. Mais j'ai dit au soleil, en le regardant bien en face dans son œil : «C'est entre toi et moi.» Et je me suis exposé tant et tant que je crois avoir changé ma pigmentation. Maintenant j'ai une peau de cuir. Je vais en pleine mer à la pêche, au soleil ardent, et je ne souffre plus. L'homme pas de fond a enfin un fond. Le soleil me tuera peut-être un jour à cause de mes bravades. So what ! De même, je n'arrêterai pas la chasse sous-marine parce qu'il y a des requins qui peuvent décider de me dévorer.

Je reviens à cette maîtresse-artiste adorée qui avait en plus une fente entre les palettes, comme pour me rendre encore plus fou, si c'était Dieu possible. Plusieurs années plus tard, souffrant d'une énorme peine d'amour saignante (ma seule d'ailleurs), sans avertir personne je suis parti avec mon mal pour l'Italie.

Elle y travaillait le marbre. Donc avion – train – petit village – bar d'où je la fais avertir que je suis là.

Horreur! Elle habite avec un sculpteur viking. Elle a bien pris soin de ne pas me dire qu'il la battait. Je l'aurais tué et laissé pour mort parmi les vipères qui pullulent dans ces boisés en bord de route où les putes font des pipes aux routiers. Une pancarte où c'était écrit : «attention aux vipères» était clouée à un arbre. Quelle ironie! Après l'avoir embrassée sur le front, j'errai dans ce village quelques mois, habitant un mas de berger où j'écrivis *Les Mondes assujettis*. C'était en 1964. Quand je quittai ces collines italiennes pour l'Afrique du Nord, je lui glissai d'être prudente avec sa maudite petite bagnole de rien. Anyway, je n'ai jamais bien aimé les autos européennes. Elle est morte quelque temps après, dans un face à face avec un camion. Elle sculptait des boutons à quatre trous en marbre de six pieds de diamètre : c'était merveilleux. Elle non plus, le Québec ne l'a pas méritée. J'ai eu toutes les difficultés du monde à vendre ses sculptures magnifiques après sa disparition. La Californie aurait apprécié son travail.

Vasecto-exacto

J'étais à Longueuil dans une taverne quand je décidai qu'il y avait assez de monde dans le monde, que je devais faire ma part et que, de toute façon, les enfants n'auraient jamais place dans ma vie échevelée.

Le rendez-vous pris, je laissai mon verre demi-plein et me rendis chez cette femme médecin, déposant 150 $ sur son bureau. Je baissai mon jean et lui dit : « Faites-le, et pas de question ! » Elle n'a pas eu les couilles de me refuser cette vasectomie à 19 ans, ni de contester mon choix au nom de la morale de mon cul ! Tout ce qu'elle réussit à dire fut : « Vous, vous savez ce que vous voulez dans la vie ! »

*

Quelle félicité quand, dans le cours de ma vie, je déclarais à mes conquêtes que j'étais opéré. Le condom disparaissait au fond de leurs yeux comme dans leur sac. Et si celle-là devenait ma maîtresse (c'est-à-dire si c'était pour plus qu'un coup), je l'aidais et assistais au « flushage » des pilules dans les toilettes, sachant bien, en farfadet malcommode que j'étais, qu'elle hésiterait à aller baiser ailleurs désormais. Ma vasectomie était donc une façon de planter mon pieu dans ce nouveau terrain exploré au max avant de passer au suivant. À 54 ans, aujourd'hui, j'ai la certitude que pour moi la solution à l'arrêt des conquêtes et des escapades est de vivre avec deux femmes. Mais dieu que la société est en retard ! Elles sont d'accord pour se faire sauter par une femme et un homme, car elles sont toutes plus ou moins bisexuelles, contrairement aux hommes. Mais elles retournent très vite à leur petite vie de mère ou de travail ou de couple. Je parle d'expérience. Ma copine et moi avons eu des douzaines de partouzes et des dizaines de femmes en notre lit, mais ce fut un Everest de trouver une femme assez libre pour vivre la beauté d'un couple à trois. Encore là, je suis venu au monde trop tôt !

À la recherche de la deuxième dans mon lit, c'est-à-dire la femme de ma femme, j'aurai passé ma vie à adorer des maudites mortelles avec leur petit non désiré ou leur petit chum ou une allergie au soleil et leur chien-chat, leur mobilier immobilisant, leur avenir, leurs rêves sans couilles, leur argent, leurs jobs et leur mort. Celles qui ne sont pas dans cette liste se reconnaissent. Elles ont la belle folie. Je revois dans mes souvenirs l'une d'elles venue me rejoindre dans le Sud. Mais elle était, hélas ! allergique aux maringouins. Elle se prénommait Océan. N'y aurait-il donc plus de folie ? Pourquoi est-ce si difficile d'en trouver une assez libre pour venir passer l'hiver dans le Sud avec nous deux, d'autant plus que c'est gratuit pour elle ? Décidément les gens, même à 20 ans, n'ont aucune folie. Les bras m'en tombent. Le monde me déçoit, moi qui n'ai peur de rien. Quand je pense aux colons partis d'Europe sur des navires de fortune pour conquérir l'Amérique, j'ai honte pour elles. Devrais-je aller en Asie en chercher une, pour vivre le trois pyramidal que cette maudite société de pigeons dépassée, axée sur le deux, refuse ?

À trois il ne s'agit pas uniquement de sexe, mais d'une harmonie où il n'y a plus de confrontation du deux. C'est l'énergie qui roule. La société est colimaçon. Dire qu'en Californie il est chose courante pour un homme de vivre avec deux bisexuelles. Mais je n'aime pas l'océan Pacifique. Oui, j'irai en Asie en chercher une ou deux, s'il le faut. On préfère tricher, payer des avocats et mentir au lieu de vivre en paix avec une vie sexuelle épicée par deux femmes amies et éclatées de rire.

*

Toujours à Longueuil. Je demande pardon à ce restaurateur italien, au coin de Saint-Sylvestre et de Saint-Charles, à qui on volait toutes ses boulettes dans son grand chaudron de sauce à spaghetti en allant aux toilettes du sous-sol. Il mit du temps à comprendre pourquoi ses clients trouvaient sa sauce bien claire. Comme il a dû trouver que sa sauce épaississait quand nous partions en Gaspésie pour l'été.

C'est à Longueuil que j'ai vraiment ressenti ma vocation de poète. À un point tel que je partis en sauvette (et en trois jours d'autobus aussi) pour La Nouvelle-Orléans sur un Mardi Gras monumental, cinq jours avant la fin de mon baccalauréat, car je ne me suis tout simplement pas présenté à l'examen. L'art dentaire – la médecine, les affaires, le barreau – non merci, pas pour moi. Seuls la vie et mon appel du dedans m'intéressaient. Je savais que j'allais écrire toute ma vie. Ma mère poussa bien quelques hauts cris, me disant de finir mes études au cas où la vie d'écrivain ne fonctionnerait pas. J'ai 54 ans maintenant, et elle aussi commence à croire que je sais ce que je fais (même si ce n'est pas toujours le cas).

Au retour de ce voyage suicide, ne me sentant pas bien – j'ai cru que c'était la fatigue du voyage, car j'avais des coups de couteaux dans le dos. Malgré tout, j'attrape une belle fille aux cheveux de corneille à la Hutte. Je couche avec et, en me levant pour aller à la toilette, je vois mon empreinte de sueurs sur le drap, comme un suaire indéniable.

Vite, médecin.

Pleurésie double.

Six mois de sana.

Et mon copain de route qui décède du cœur.

Quelle virée !

Et ma vie continua dans l'aventure des mers, pour écrire, me laver de cette tache originelle et de cette saine débauche merveilleuse, investissant ainsi dans ma santé en toute liberté.

Au sujet de la cruauté des mères et des enfants

Vers l'âge de 12 ans, on avait une copine qui avait le cou croche. On l'appelait midi et cinq. Derrière le Club des Anglais, c'est la première de qui j'ai touché le pipi. Lui ayant dérobé le foulard de sa tête, je me mis à courir dans les buissons et, naturellement, elle me suivit... Il n'en fallut pas plus : l'approche y fut très érotique autant que clandestine.

Je fus si fier de ces premiers attouchements que je ne me suis pas lavé la main durant une semaine entière, passant mes doigts sous les nez des copains qui voulaient bien entendre mon aventure – ma première – qui hélas! heureusement! me mena à une débauche parfaite encore à ce jour, avec tout le travail de scénariste que ça implique. Et ma mère qui me répète encore que, si elle avait su, elle ne m'aurait pas conçu et elle n'aurait pas autant prié pour me sortir de ma maladie à la hanche. À 77 ans, elle me répète encore qu'elle aurait dû plutôt prier pour que je reste infirme, si elle avait pu savoir jusqu'où j'irais sur mes deux pattes.

*

Seul à Porto Rico, une nuit de Noël, en repos de femmes, jouant aux boules, j'entends qu'on demande monsieur George Blanda à l'intercom. Quel cadeau! Il fut mon héros au football et détient encore des records de bottés de placement à ce jour. J'allais découvrir les Bahamas deux jours plus tard. En passant par Miami, je fis la rencontre de monsieur Coua Coua dans un hôtel mi-miteux et Art déco. Ce vieil homme chercheur d'or à Panama ne parlait plus à personne en mots, il parlait oiseau. Il avait sauvé sa vie parmi les tribus indigènes en parlant oiseau! J'ai passé des jours à jaser avec lui, il me reposait du monde. Ses variantes et ses intonations m'amenaient dans toutes les jungles. Crut – crut

– coua – coua – crouch… Il me manque. Mais je sais qu'il est au paradis des volatiles.

Deux portraits de politesse extrême en petit avion dans le Triangle des Bermudes

Du premier je fus témoin.

Du second la victime.

Un ami, porteur de valises sur mon île, pesant 300 livres, prend un petit avion, vraiment malade de cuite. Il est l'un des six passagers. Il a le cœur dans les yeux et l'estomac lui remonte. Il doit vomir. Mais il ne le peut pas sans colorer et parfumer tout le monde de ce flot malodorant. Et pas de toilette à bord.

Alors dans sa détresse, il improvisa. Depuis ce jour, j'ai une admiration sans bornes pour lui. On l'appelle Coke Can depuis. C'est qu'il parvint à contrôler cette remontée en sections et en portions, poussant le tout avec sa langue dans le petit orifice de la cannette de Coke. J'ai encore mal pour lui aujourd'hui.

Dans mon cas ce fut par un autre orifice, sur un autre vol. Comme je bois de la bière et que je fais souvent du island hopping – en sautant d'une piste d'envol à un bar, car les petits avions du Sud font des escales –, je me retrouve à 3 000 pieds au-dessus du Gulf Stream avec une envie de pisser proportionnelle. Moi aussi je suis dans un six-passagers sans toilettes. Ne pouvant plus rien retenir après mille contorsions, jaune de pipi dans ce visage thermométré, je dis à la femme à côté de moi d'ouvrir un journal devant nous deux. Je me voyais déjà arrosant tout l'avion, les passagers et le pilote rageant, pleurant, criant, et moi, éclaté d'horreur de rire, ne pouvant plus rien retenir. Surtout je l'avertis que je la tue si elle rit, car ce serait ma perte. Je la force donc à tenir un journal et à regarder dehors. J'ai une bouteille de bière, une petite, hélas… Dans mon étranglement je mets l'orifice de mon pénis dans le goulot et je laisse aller un peu. Horreur, voilà vite la bouteille déjà pleine – et moi encore plein –, c'est ça l'enfer. Ce mini-répit me permit d'atterrir à Miami. Maintenant je fais pipi avant d'ouvrir une bière, dans quelque aéroport que ce soit… Je suis devenu prévoyant.

*

Un personnage apparaît parfois dans mon délire… Son nom est Pepine venu de Madrid. Je l'ai amené passer un check-up un jour – examen de routine –, et je ne l'ai jamais revu vivant. Il est mort dans les mois suivants… Il n'est pas mort sans me montrer sa cicatrice au poumon et sans me dire avec humour qu'il ne viendrait plus jamais passer de check-up avec moi… Chienne de vie ! Il disait des Bahamas : «Je les aime, car là c'est juste pical pas trop-pical…»

Nous avions un copain qui avait fait une dépression grave. Alors, de bonne grâce, on alla le visiter, Pepine et moi. Il était à l'asile… En entrant dans cette aile, nous avions l'air tellement disparates des autres qu'on nous prit pour des médecins venus d'ailleurs. Tous et chacun venaient nous raconter leurs déboires… À la porte de la chambre, la femme du patient qui ne nous connaissait pas fit une telle crise de nerfs que nous avons cru que c'était elle la patiente. On décida de quitter cet hôpital de malheur illico. Sauf qu'en approchant la sortie finale, après bien des corridors traversés à petits pas comme des vierges folles, une fille nous fit signe... «Bonjour, je me présente... je suis la reine des fous...» Ébahis, surveillant ses mains au cas où un couteau apparaîtrait, on resta cloués devant ses beaux yeux fous et furtifs. «N'ayez pas peur, dit-elle, je ne suis plus malade... Je peux sortir et retourner dehors dans le monde. Mais je suis bien ici, j'ai ma vie, j'ai du sexe, je ne paie pas de loyer. J'ai été ici trop longtemps. C'est ma vie maintenant.» On la quitta poliment, à la japonaise... et le taxi nous débarqua à la prochaine taverne... Écoutant notre conversation décousue comme d'habitude, le chauffeur eut comme un doute et on sentit que l'auto voulait faire demi-tour... Mes fesses ont serré, celles de Pepine aussi. Tout d'un coup, il nous prend pour des évadés... J'en ai encore le frisson. Peut-être en étions-nous. Ma mère dirait oui.

La haute fidélité

Comme j'ai passé une grande partie de mon enfance dans la Haute-Mauricie, j'y retournai souvent en taxi de Montréal, car je ne pouvais accepter les bars qui ferment à 3 h 00 a.m. Je calculais, bouteille à la main, qu'en quatre heures de route, j'arriverais à La Tuque à l'ouverture de la taverne. Quels beaux voyages j'ai fait le long de la rivière St-Maurice. Plusieurs de mes amis décidaient de prendre la journée off quand ils voyaient un taxi de Montréal à la porte : « Claude est en ville. » Plusieurs années après l'un de ces voyages, je hèle un taxi rue Ste-Catherine à Montréal. J'ai avec moi une belle fille que je n'ai pas encore baisée et à qui je vante toutes mes qualités d'homme sincère, fidèle et à sa place. En embarquant, le chauffeur s'exclame : « Tu me reconnais pas?... On est monté à La Tuque ensemble sur une brosse. Tu m'as presque causé un divorce. » Le monde venait de s'effondrer, et elle avec. Et il en mettait : « Voyons, tu te rappelles pas? Je t'ai ramassé en face du Rockhead's Paradise, tu sais, le club de noirs et de putains. On a acheté un 40 onces au Blind Pig et on est montés à La Tuque. »

Bang. Je me souvins. Plutôt je me saoul vin. Je retombai presque saoul. C'était tellement soudain que j'en oubliai les fesses de ma copine. En arrivant à La Tuque on avait décidé de cacher le taxi, de ranger la lumière du toit dans la valise pour pouvoir boire en paix. Mais je lui avais fait promettre d'appeler sa femme pour ne pas qu'elle s'inquiète. Il me dit que c'était déjà fait... On a frappé tous les hôtels et tous les bars et tous les copains. Trois jours trois nuits. Je l'ai payé – il est parti et je suis revenu une semaine plus tard vider le frigo de ma mère.

Quand il est revenu chez lui, ses problèmes l'attendaient : il n'avait jamais appelé sa femme pour la prévenir. Encore à ce jour sa femme a des doutes. Elle ne le croit pas encore. Elle se doit de voir une autre femme dans sa vie. On a bien ri. Et moi, en plus, je n'ai pas perdu la cible de mes désirs de ce jour. Elle était flexible. Mais ce chauffeur de taxi avait jeté un grand froid sur mon scénario de nouvelle conquête.

Les années fous

En janvier, par grands froids, après avoir bien salué et arrosé mes amis des Bahamas, j'atterris à Montréal en chemise à fleurs et en bermudas, nu-pieds dans mes souliers. Je saute dans un taxi, ayant bien pris soin de dire au chauffeur de me dropper et non pas me déposer dans le premier bar de danseuses nues. Subito presto, suis au bar avec quatre seins qui me frôlent les oreilles. Mais en janvier, ils n'ont pas beaucoup de clients si court vêtus. Je donnais l'impression de venir d'ailleurs. Après maintes consommations pour noyer cette arrivée sous ciel gris, je lance au chauffeur que j'avais, bien entendu, gardé avec moi: «Combien La Tuque? – 350 $ – O.K. Let's go!»

Le lendemain matin je me réveille par terre dans un hôtel quelconque à quatre cents milles de Montréal, toujours en bermudas, chemise à manches courtes et nu-pieds dans mes souliers blancs. Ça allait avec la neige, faut dire. Là, il me faut aller à la banque pour faire venir des sous. Je n'oublierai jamais jamais mon entrée dans cette banque, ni les yeux de ces bûcherons – des métis et des gens de la place emmitouflés dans leurs grosses chemises à carreaux, leurs bottes de travail avec deux paires de bas et la buée qui leur sortait de la bouche. Dehors c'est −10°. En bon Québécois, j'ai passé au travers avec ma belle chemise à hibiscus. Eux, ils se posent encore des questions...

J'ai rencontré le roi de la marde

De retour à Montréal, je hèle un taxi. Le gars me reconnaît avec enthousiasme : «Toi, t'es Péloquin. Moi je suis le roi de la marde. Tu en veux la preuve?» Il stoppe l'auto dans le milieu de la rue Sherbrooke, face à la noble université McGill, après m'avoir bien expliqué que la vie sans marde n'existe pas, qu'il n'y a pas de fun sans la marde, que le cul mène ce monde, que la marde c'est la vérité, que le taxi c'est de la marde, qu'on meurt dans notre marde, que le monde s'en va dans marde, qu'on est tous des merveilleux pleins de marde, que tout le réel c'est que la marde, qu'on amène notre marde dans l'espace et dans la mer, c'est tout de la marde. Devant cette avalanche de marde, j'ai bien vu que la marde c'est plus fort que de la merde parce que ça sent.

Effectivement, ce soir-là, dans ce taxi arrêté en plein milieu de la rue Sherbrooke, j'ai vraiment humé de la marde. Il débarque, baisse ses culottes et chie dans la rue. Pour appuyer ses dires, j'ouvre la portière, débarque aussi, baisse mon pantalon et allègrement on chie tous les deux, convaincus que tout ça c'était de la marde anyway. Les autos nous frôlaient, les gens nous injuriaient les yeux sortis de la tête, car nous étions en face d'un lieu de haut savoir. «C'est de la marde ça aussi», lança-t-il. Je vois ça d'ici : un taxi, phares et lumières intérieures allumés, les deux portes ouvertes, arrêté au beau milieu de la rue, avec deux crapauds qui chient les culottes baissées. Ce soir-là, la police était sûrement en grève. De toute façon, aujourd'hui je suis convaincu qu'aucune police au monde ne peut attraper le roi de la marde. Je suis fier de l'avoir connu et d'avoir partagé ses vues. Je lui souhaite de vivre éternellement au paradis de la marde.

Anecdote merdique 2/3

En parlant de merde, il m'en est arrivé une bonne quelques années avant de le rencontrer. Quand je lui racontai ce qui suit, il me dit tout de suite : «Je t'avais bien dit que c'était tout de la marde. T'es un vrai.»

Après maintes libations de bières et de chili (et quand j'avais 20 ans je pouvais passer six jours sans dormir, à boire, rire et forniquer), je rencontre une belle fille à la Hutte.

Elle a l'amabilité de m'amener chez elle. On baise, on dort, mais quelque chose d'étrange me réveille. Oh! Horreur! J'ai chié au lit, dans SON lit. On est enrobés de merde. Elle en a dans les cheveux. Et moi j'en ai sous les pieds, à force de rouler et de s'enlacer. Donc c'est total comme dégât. Mais par chance elle dort encore. Mon cerveau est soudain devenu tous les ordinateurs de la planète. Que faire? Me sauver...? Que non! Elle va le dire à tout le monde et me poursuivre dans les recoins les plus merdeux pour me dénoncer. Avouer ma relâche inconsciente? Que non! Car elle ne pourra me pardonner, j'en suis sûr. Et mes méninges qui vont éclater à force de penser à une solution rapide. Mes fusibles vont sauter et je vais mourir dans un bain de merde, honteux pour l'éternité. Voilà, je l'ai! Je dois sauver ma face, ma réputation d'amoureux, mon honneur, et mettre fin à cette situation atroce d'un seul coup. Je prends alors une bonne poignée de merde fluide, avec quelques solides bien entendu, et je lui fous ça dans le cul, lui donne un violent coup de coude et lui crie: «Salope! Tu as chié au lit, je t'avais dit de ne pas boire de bière en fût...» La voilà en larmes, ébahie, congelée dans sa merde, toute contrite déjà. Mon Dieu! Merci ça marche! Elle m'a cru! Elle s'excuse, même. Moi je suis brun de colère, insulté au max. Elle est maintenant complètement réveillée et m'offre de me faire couler un bain, de laisser tout ça, qu'elle va s'en occuper. Elle décide même de jeter les draps. Merci mon Dieu, elle va même détruire la preuve de mon méfait. Je suis vraiment au paradis de la merde avant mon roi-chauffeur de taxi. Elle me fit bien promettre de ne jamais parler de ça à personne. Je jouissais déjà par en dedans, sachant bien qu'elle ne pouvait plus rien me refuser. Si vous tentez l'expérience pour avoir du sexe en banque, soyez bien assuré d'être absolument imperturbable au moment précis de la mise à merde.

Plusieurs années plus tard je la revis et lui fis des aveux complets en riant. Elle demeura absolument sèche comme de la vieille bouse de vache et ne me crut pas, répétant que j'essayais d'être gentil en prenant le blâme.

Anecdote merdique 3/3

Ceci se passa au Mexique avec Pepine. Un matin je lui crie, insulté : «Tu as chié à côté du bol de toilette...» Nous sommes sans lunettes et nous sommes tous les deux myopes : il accourt pour vérifier ses dégâts.

– C'est toi qui as chié hier, car moi je chie le matin en faisant ma barbe. Dès que le rasoir me touche, je chie.

– Pepine, moi non plus je ne chie pas la nuit, c'est toi qui as tout arrosé le côté du bol avec ta merde. Tu vas nettoyer ça !

Et ça sentait drôlement fort, de plus en plus.

On décida alors de porter des masques à merde pour couper un peu ces odeurs matinales insupportables. Il prend alors un bâton pour voir l'épaisseur de cette horreur. Les deux myopes ont alors réalisé après dix minutes, passant même près d'en venir aux coups, que c'était en fait du papier essuie-main mouillé et brun. Je me demande encore aujourd'hui comment il se fait que la chambre et la salle de toilette puaient autant. Magic shit? Maybe. On a bien ri.

Ma seule peine d'amour

Les poètes ne sont pas faits pour les peines d'amour. J'en ai eu une dans ma vie. C'est à cause d'une bourgeoise qui voulait une petite vie confortable et moi le contraire de ces mots. Pourtant elle avait de la belle folie quelque part. Je passais des après-midi en elle, mon ventre sur son dos arqué, à regarder passer les autos et la mer à Cape Cod. Anyway on se laissa. Comme une balle, je pars en Gaspésie et je passe une semaine à regarder le soleil pour y brûler ma peine. Je ne sais pas comment je ne suis pas devenu aveugle. En plus je fus incapable de toucher à celle qui m'accompagnait sur ces falaises de souffrances. Erreur : en Gaspésie je l'ai effectivement baisée une fois, malgré ma peine insondable. C'était sur une corniche surplombant une mer acier. Elle criait et se débattait tant que mon ego, même blessé, était aussi haut et fier que cette falaise de goélands. Quel flash quand je découvris que je l'avais couchée sur un nid d'abeilles. Ma performance et mon orgueil en prirent un sacré coup bas. Aujourd'hui, j'aimerais bien l'avoir avec moi ici aux Bahamas, surtout qu'elle était bi.

Alors, comme une poule à laquelle on a enlevé la tête, je prends un Airbus et me retrouve à Paris d'où je saute dans un train pour l'Italie. Tant pis si elle n'est pas libre. J'ai habité une cabane de berger près de Pise durant deux mois. J'ai solidifié ces pierres à force de jouer du poignet pour exorciser la femme qui me brisa le cœur. Puis le paquebot vers la Tunisie. Les souks, les putes arabes que je ne baise pas mais avec qui je bois. Puis, fauché, on a dû me rapatrier. Mais ma seule et unique peine d'amour était cassée.

Descente à la mer vers
le Triangle des Bermudes à la vie à la mort

Un jour, j'ai enchanté la journée d'un chauffeur de taxi quand je lui ai expliqué mon périple de mer qui m'amena à vivre un jour dans le Triangle des Bermudes.

Très jeunes et très pauvres, on faisait du pouce vers les mers froides de Gaspésie. 5,00 $ en poche, on partait pour l'été, déguisés en beatniks ou en scouts pour avoir plus d'attrait, et on se trouvait une fille, de préférence avec une tente. Je faisais le commerce de boisson à Percé, car il n'y avait pas de commission des liqueurs avant des milles. Ti-Loup le pêcheur me fournissait en morue que je faisais bouillir sur le quai dans un bouillon de lait et d'oignons : c'était mon premier boil-fish, et je ne me doutais pas que j'aboutirais vingt ans plus tard aux Bahamas où c'est le mets national. Plus tard, adolescent-étudiant-sans-jamais-aller-à-l'école, je descendais dans le Massachusetts avec les copains et quelques bagnoles. Naturellement, pour prolonger l'été, on en vendait une ou deux sur place. Puis ce fut des bords de mer en Tunisie, en Italie, en Amérique centrale et finalement ce voyage en Floride qui allait changer ma vie.

Un matin, couché par terre dans une chambre d'hôtel à Miami Beach, parmi les bas et les souliers de femmes, j'ouvre les yeux d'un coup. Comme un automate, je m'habille d'un jeans et d'une chemise, nu-pieds dans mes souliers. Jamais de petite culotte, toujours prêt. Je prends un taxi pour l'aéroport, il est 5 h 30 a.m. Je demande à la première personne en uniforme que je rencontre dans ce petit aéroport presque vide qui part pour les Caraïbes? Je savais d'ores et déjà qu'il y avait d'autres aventures par-dessus cet horizon floridien au pays des pirates fantomatiques. Ce pilote-cargo m'amena aux Bahamas dans une île qui a nom Eleuthera, mot grec qui signifie liberté. J'y passai un mois, rencontrai un vieux pêcheur qui me dit comme ça: «Tu as l'air d'aimer ça ici, ça te prend une maison.» «Je reviens tout de suite» fut ma réplique. Je sors quinze minutes et je reviens au bar avec une vieille pancarte «For Sale» écrite à la main. Mon verre n'était pas fini et je venais d'acheter une vieille maison coloniale pour quelques milliers de dollars tout près du bar. Le reste de l'histoire se passa sur une échelle d'un quart de siècle à l'école du risque, dans la mer et à l'université d'une vie de santé au grand air, bien surprenante pour un animal de la partouze et de la corde raide comme moi. J'y passai dix-huit ans sur les dernières vingt-six. Sans mes atterrissages dans ces îles pures, je ne serais plus de ce monde, c'est certain. J'y ai vraiment survécu.

Quand le monde s'effondre

Même s'il était médecin du quartier, mon père m'envoya quand même à l'école publique faire mon cours primaire chez les frères. C'était l'école de la fessée et des claques sur la gueule. Je l'en remercie de m'avoir exposé à la vraie vie.

Je revins à la maison un jour, fondant en larmes, criant à ma mère que j'étais infirme parce que mon pénis était trop petit. Un gars de l'école avait sorti le sien, et c'était incomparable ! Ma mère me fit réaliser que ce grand gars avait doublé plusieurs années, donc qu'il avait sept ou huit ans de plus que moi qui étais entré à l'école à cinq ans. Depuis, je m'en suis bien remis et la vasectomie tient le coup.

La chanson sauvée des eaux

En plein Triangle des Bermudes où je vis, je fis en plongée une découverte pour le moins étrange au large de Bimini. J'ai aperçu un objet flottant brillant dans le soleil ardent. Je l'empoigne après quelques brasses. C'était tout incrusté de corail et d'algues. Ça semblait très vieux. Je montai à bord pour le nettoyer. Surprise : c'était une cassette de Gerry Boulet sur un texte de Péloquin. Le titre presque effacé était *I love you deep.* C'était l'histoire d'un conducteur de poids lourd dont la femme s'était prise une maîtresse pour être moins seule. Il l'aimait quand même à la folie, pensant à elles sur les grandes routes.

Turbulences de l'amour

Près de chez moi, j'entretenais une chambre à l'année dans un hôtel du centre-ville de Montréal, car j'avais des maîtresses pour l'heure du lunch ou les après-midi. Elles n'étaient pas bisexuelles et me forçaient à mentir, car je ne pouvais les présenter à celle avec qui je vivais.

Un après-midi, alors que je faisais l'amour, une autre se présente avant son heure. Situation idéale de match ! Mais non, hélas ! Chacune voulait que l'autre parte. Je décidai donc de garder celle qui était habillée, car elle ne disait pas non à l'idée de... Déjà dans ma tête, je planifiais une future rencontre avec une de mes partouzenaires bisexuelles.

Mais la nue refusait de partir. Après maintes suppliques je la mis à la porte manu militari, nue dans le corridor avec son linge dans les bras. Mais la vengeance de cette rousse allait m'être fatale, car elle fit scandale toute nue dans tout l'hôtel. Je reçus une lettre me refusant désormais l'accès à cet hôtel que j'avais pourtant bien arrosé de toutes les façons. Ça m'a brisé le cœur. Mais je n'avais pas aidé ma cause au même hôtel deux mois auparavant. Voici comment.

Avec un roulis-roulant d'autant de filles, j'avais besoin d'aide, car selon moi la femme peut continuer à jouir quand l'homme est hagard. Alors je les amenais aux sex-shop «faire l'épicerie». Mon érotisme était partout. Je prenais plaisir à les voir choisir « celui-ci – non, celui-là il est plus gros – oh, celui-là a l'air doux et pas trop fort... ». J'avais donc accumulé une valise de jouets pour toutes les occasions.

Après une session de jambes en l'air, je descendis au bar de l'hôtel en ayant bien camouflé les vibrateurs sous le lit pour un party à venir. Mais au comptoir de la réception, l'ordinateur du diable fit une erreur : la femme de ménage nettoya la chambre et l'hôtel la loua vers minuit. Avec mon second rendez-vous, je remonte et j'entends une voix d'homme à l'intérieur de la chambre alors que j'essaie de tourner la clef dans la serrure. « C'est occupé », crie une voix paniquée « C'est ma chambre », répondis-je, mal à l'aise devant la demoiselle trépignante. Alors le gardien de sécurité demanda au monsieur d'ouvrir, car des « documents » importants avaient été oubliés à l'intérieur. L'autre répliqua : « Mais il n'y a rien ici, c'est *ma* chambre. Ouvrez, s'il vous plaît », dit le gardien. Aussitôt la porte entrouverte je me dirigeai tout droit sous le lit, débranchant les fils des vibrateurs et ramassant mes jouets. Pour ajouter à la surprise de tous, j'ai traîné sur les tapis les vibrateurs par les fils jusqu'à l'ascenseur, comme un enfant ses animaux en peluche. Je me vois d'ici comme un père Noël du sexe avec ses cadeaux plein les bras, heureux de ce scandale.

Au même hôtel, je prenais souvent un coup avec mon ami le géant Ferré, dit André The Giant. Je revois encore cet énorme lutteur de plus de sept pieds, pesant un quart de tonne, qui prenait sept bouteilles de vin pour le lunch, devenir soudainement d'un blanc faible et ne pouvant crier. Deux grosses larmes de douleur roulaient sur son visage. C'est qu'en s'assoyant sur son tabouret il avait glissé ses deux mains énormes entre une plaque pivotante et le siège. Son quart de tonne était littéralement en train d'écraser ses deux mains, et il avait trop mal pour se relever. On l'a bien ri celle-là. Ce jour-là, j'ai vu le géant blanc, peut-être le vrai abominable homme des neiges.

Halloween

Déjà tout jeune, comme j'étais un homme à femmes, ma cousine me prêtait son baise-en-ville non loin du collège Brébeuf. Je prenais plaisir à regarder les orteils et les pieds de ses dames se tortiller en me tournant la tête vers l'arrière durant les ébats. Un jour j'eus un choc, et depuis je ne regarde plus jamais dans cette direction : celle-là avait de la peau entre les orteils, ce qui la rendait effectivement palmée. Mon bandage fut de très courte durée.

*

J'adore le cirque. Je crois même que j'en fais partie quelque part au monde dans une vie parallèle. Je me rends donc un jour au cirque des Shriners : trois pistes, quinze mille personnes et des éléphants boueux. Mieux que rien, mais c'était quelque peu ennuyant. Soudain trois clowns en piste. Je rive mes yeux dans ceux du plus grand, dans cette petite croix peinte en rouge, et l'autre fait de même par je ne sais quelle magie. On ne se quitta pas des yeux pendant que, dans l'enceinte, on sentait qu'il se passerait enfin quelque chose d'extraordinaire. Les trois clowns se surpassèrent et emportèrent la foule dans des éclats de rire hors de ce monde, on aurait dit que je les nourrissais en acrobaties, farces et attrapes, comme une sorte de générateur. Au comble du délire et le contact des yeux jamais brisé, mon clown sauta par-dessus la balustrade, monta dans les gradins, poussa tout le monde dans notre rangée presque brutalement et imprima un gros bec rouge sur mon front atterré. Je brillais de joie et de fierté devant tout ce monde qui m'enviait sans trop savoir ce qui s'était passé. Cette magie déteignit sur moi aussi. Je mesurai quatre mètres de haut pour quelques instants.

*

Je fus frappé d'un autre incident magique impli-quant cette fois l'un des grands batteurs de notre ère : Buddy Rich. Quel plaisir que cet Esquire Show Bar où tous les grands sont pas-sés. Soixante degrés sous la grosse bière, la proximité avec les musiciens, je me souviens même d'avoir reçu sur moi la sueur de Little Richard. Je suis naturellement assis à l'avant, la tête dans la grosse caisse, la table pleine de bière, etc., etc., et deux paires de souliers à talons hauts dormant sous la table. Buddy Rich entre en scène accompagné de ses musiciens, ils ont tous autour de 18 ans, et lui, 65. Il em-porte la salle en délire. Je pleure car je sens que c'est la dernière fois que je le vois vivant. Je n'ai jamais fait les choses comme tout le monde. Buddy aperçoit mon visage en larmes : il stoppe la musique brusquement au beau milieu du set. La foule est stupéfaite, tous se demandent ce qui se passe. A-t-il un malaise ou quoi ? Y a-t-il un problème majeur pour arrêter le train en pleine course ? C'est alors qu'un autre miracle se produisit, comme au Forum avec les clowns : Buddy Rich se lève, descend de scène, et me donne ses deux baguettes de drums marqués par les coups, avec une accolade. Nos visages brillaient.

Une idée hirsute dans la tête d'un poète

J'étais passe-muraille à mes heures. Un soir, voulant visiter un de mes amis peintre, je traversai clôture après clôture avant d'arriver dans une gare de triage où je vis un convoi de marchandises en marche en direction de l'est. D'une main j'empoignai un barreau d'échelle, de l'autre je tenais contre moi ma fidèle serviette bourrée de notes. J'ai tenu le coup en ballottant ainsi pendant un long et pénible moment. Le mystère dans tout ça est double : 1. comment ai-je fait pour ne pas me faire arrêter par les gardes ? 2. comment se fait-il que je n'ai pas glissé sous les roues ? Rendu à destination ou à peu près, m'étant guidé sur le pont près duquel habitait mon ami, je lâche prise et roule dans le fossé. Je monte les marches de son appart, et j'entends des gémissements d'amour. Insulté, je me dis que ça baise là-dedans alors que moi je risque ma vie pour venir le visiter. Je remplis une chaudière d'eau et j'arrosai copieusement ce couple enlacé, ce qui mit fin à leurs ébats à l'instant même. Mon ami était insulté et frustré. Il ne me pardonna que plusieurs années plus tard.

L'homme à la valise I et II

J'étais en effet reconnu à Montréal pour avoir une valise de jouets érotiques que je transportais de chez moi aux hôtels et de filles en villes. En voici deux souvenirs.

Le premier se passa à la douane de l'aéroport de Dorval. Me dirigeant vers Miami avec trois gentes damoiselles, j'avais pris soin d'apporter les jouets, et surtout d'en confier le contenant à l'une d'entre elles. Sur six valises, le douanier en ouvrit une : celle-là. La fille toute rouge ne savait quoi dire. Le douanier, mal à l'aise lui aussi, sortait les accessoires un par un, demandant à quoi celui-ci ou celui-là pouvait bien servir. Ces jouets sont légaux mais le douanier se voyait peut-être déjà en train de les utiliser avec elle. La farce dans toute cette histoire est que jamais nous n'avons donné le signe, pas même une seconde, que nous la connaissions. Elle ne nous a reparlé qu'en Floride.

La seconde frasque se passa sur Crescent par un bel après-midi. La foule relaxait de terrasse en terrasse au soleil. Je marche sur le trottoir, d'un bon pas, ma valise à la main. Un touriste avec sa femme m'ayant reconnu me lança : «Monsieur Péloquin, il n'y a que vous qui travaillez aujourd'hui ! C'est une trop belle journée. » Je m'approche en silence, ouvre le nid de vipères couleur peau, avec fils de vibrateurs, pénis à deux têtes, maigrichons pour l'arrière et énormes pour le devant... Et je les ai laissés là tous les deux sous le choc, estomaqués et

choqués, et j'ai continué ma route vers mon
rendez-vous de plaisirs.

Sur les traces du monstre

Mes libations aussi étaient légendaires. À chaque
fois que je montais à La Tuque en taxi dans mon
pays d'enfance, je ne manquais pas de visiter
oncle Rosaire qui avait eu un accident comme
bûcheron, ce qui lui avait coûté une jambe. Cet
homme était bon. À la taverne je me souviens
d'avoir bu de la bière dans sa jambe artificielle,
debout sur le bar. Quelle vision fantastique et
infernale, autant dire dantesque.

*

Autre séance de même calibre : ceci se passa dans
un bar des Caraïbes où j'aimais me perdre, prenant des petits avions d'île en île comme un
taon sautant dans les fleurs. Voici ce que j'appelle : « La Libération de l'Inconnue. »
    J'ai toujours préféré les cheveux courts chez
les femmes. On n'en trouve pas partout dans
l'appartement, en plus ça laisse moins de traces.
Et celles-là ont toujours les deux mains libres.
Car dans les films pornos, ça me met en rogne
de voir celle qui dévore l'autre passer son
temps à rabattre ses longs cheveux par-derrière.
Ça brise le rythme, à mon avis.
    Bref, je suis assis au bar de la mer avec un
couple à côté de moi et deux copains qui jouent
au billard. Après quelques libations je dis à la

fille, quitte à recevoir une claque sur la gueule : «Vous êtes pas épuisée de toujours rabattre vos cheveux vers l'arrière, vous seriez si belle les cheveux courts. Oui, monsieur, j'en ai assez mais je n'aime pas mes oreilles. Je ne crois pas que je serais belle les cheveux courts.»

Quelques drinks plus tard, elle lance : «On peut en couper un peu.» Ahuri, son copain s'y refusa, mais les oreilles étaient bien à elle, elle lui fit comprendre que sa décision était prise : vite des ciseaux. «Qui a des ciseaux dans ce bled perdu ?» Personne ne répond. Mais il y avait bien un couteau pour couper les oranges. Allons-y quand même. Alors j'empoignai ses longs cheveux en un tourniquet, un genre de boudin hirsute et noir – et me mit à littéralement trancher cette queue. Les larmes aux yeux, elle monta à la toilette, cherchant désespérément un miroir. «Pas si mal», me dit-elle plus tard entre deux shots de cognac. «Je me sens toute légère.» Elle venait de perdre environ une livre de cheveux. Pendant qu'elle était partie, j'avais foutu cette boule de cheveux dans mes bermudas et m'étais réinstallé devant ma bière.

Le premier client qui entra dans ce bar eut le choc de sa vie : dans un grand cri de mort, je plongeai ma main dans ma culotte et en ressortit ce noir scalp comme si je venais de m'arracher les couilles et tout le pataclan. Tout le monde a bien ri. Je la revis plusieurs années plus tard : et elle avait toujours les cheveux courts, et les deux mains libres.

Cette magie m'a suivi toute ma vie, car la chance couche avec moi. À Montréal, un verre de vin éclaté me coupe tout le dedans de la main. Je saigne abondamment mais n'ai pas le désir d'aller chez moi changer mes vêtements souillés. Continuant ma tournée des bars, on me sert quand même, parce que je suis connu, mais tout le monde est mal à l'aise de voir tant de sang sur moi. Je rencontre Pas-Paul qui, une chance sur un million, porte ce soir-là deux vestons-pantalons, car il arrivait justement d'une tournée de larcins dans les boutiques à la mode. L'échange fut vite fait dans la salle de toilette et je pus continuer ma randonnée coagulée.

*

Une autre fois, dans les années soixante, après avoir donné un récital du tonnerre rue Sainte-Catherine, j'étais tellement heureux que je décidai de descendre les trois étages assis sur la rampe comme un gosse. Rendu au milieu, la vitesse était telle que je n'ai jamais pu freiner. Boum ! le cul par terre et ma tête rebondit dans une vitrine de plusieurs mètres carrés, qu'elle fracassa, bien entendu. Comme j'étais assommé, on se porte à son secours, mais pas de sang cette fois. Il y a un bon dieu pour les ivrognes. Quand la police arriva, j'étais dans la foule, demandant à qui mieux mieux ce qui s'était passé.

*

J'ai vécu la bohème à fond de train. Je ne mangeais pas, ne dormais pas ; j'écrivais, buvais et baisais, et pas dans cet ordre. Je me souviens que je partageais une piaule au-dessus d'une boucherie angle Saint-Laurent et Roy, avec un metteur en scène de théâtre. Moi je couchais dans la garde-robe et l'autre dans le hamac en plein centre de l'unique pièce. Sauf qu'il grelottait les nuits d'hiver. Alors je lui installai un poêle électrique à deux ronds à l'envers au-dessus du hamac, fiché dans la prise de la lumière du plafond. Ce qui arriva arriva et on entendit des cris d'horreur une nuit. Personne ne porta attention, croyant que ça venait de la boucherie. Le poêle rouge de ses deux gros yeux était tombé sur le metteur en scène qui eut en plus la malchance de ne pas être seul dans son hamac. Moi j'étais en sécurité, couché dans ma garde-robe décorée comme un temple hindou.

Je dormais aussi parfois dans un bain, car j'habitais un autre appartement plus grand, avec cinq gars, tout près de la taverne. On se nourrissait de bières à 10 sous le verre et un médecin mécène nous avait pris en pitié : il nous achetait une poche de patates par mois, avec du papier alu et du beurre pour faire des patates au four. Ma mère m'y visita un jour et eut le malheur de m'acheter un bel habit. Deux heures après je l'avais revendu. Pauvre maman ! «Il est bien fou comme ses oncles», disait-elle. J'ai toujours vécu comme si c'était mon dernier instant, ma dernière nuit. J'ai toujours rêvé d'être transformé

73

en gargouille avec mon visage bien vivant et mes yeux bleus roulant en haut d'un édifice quelque part, pour bien rire du ridicule des humains fourmillant en bas, comme un Daumier dessinant à la cour.

La colonne vertébrale du Diable

J'ai retrouvé les notes qui suivent à bord de mon vécu avec l'ouragan Andrew qui frappa l'îlot du Cupidon sur l'île d'Eleuthera.

Sommes le 23 août 1992, 2 h 10 p.m. Il n'y a plus de ciel ni de terre ni de mer. Mon camion où je me suis réfugié est ciellé et salé. Je n'ai pas eu le temps de le mettre à l'abri. Je ne peux plus en sortir, car les fils électriques dansent dans la rue avec fracas et le feu au cul. Je vois un palmier qui garde ses noix malgré le vice versa de vents extraordinaires. Autour d'Andrew les vents sont de 130 *miles an hour*. Ici dans l'œil, c'est 75 mph. Avec autant de pluie je pense aux grenouilles absentes. Nous tous sur l'île prions que personne ne meure. Je me demande pourquoi tout le monde le fait. Depuis 5 h 00 a.m. je prépare le tout. Je barricade la maison, je mets à l'abri une provision d'arachides et de sardines de la Nouvelle-Zélande. Je prie bien plus pour ne pas perdre tout ce poisson dans mon congélateur, que j'ai arraché à la mer et aux requins, et qui serait perdu si on coupait l'électricité pour une semaine.

Il fait vert dehors. Les arbres se battent à coups de claques sur la gueule. Un ouragan a le don de vous rendre petit et de vous faire lâcher prise. Quelle délivrance ! Il est maintenant 2 h 30 p.m. Mon petit bateau de plongée dort sur ses quatre oreilles, entre la fosse septique et le hangar.

Enfin sorti du camion, je suis fier d'oser aller chercher une deuxième feuille de papier dans le noir à la chandelle, sauf que la porte avant m'a presque arraché l'épaule quand je l'ai ouverte. Le vent s'enrage, ça crie dehors, mais ce n'est pas humain. Oh ! miracle, ma femme est couchée et elle dort, de peur probablement. La maison est toute scellée et gonfle. Les keys de Floride sont évacués et moi je suis toujours ici sur le mien, évacué aussi. La pluie attaque de plus belle. Ça sent très fort le varech, à en vomir. Je suis heureux avec la mort à la porte. Le risque m'adrénalise. J'ai même combattu le vent et les objets volants pour aller porter de l'eau potable et des couches aux Haïtiens d'en face. Et on me dit xénophobe !

L'entomologiste emeritus bibitologue

Mon ami Georges Brassard parcourt des milliers de kilomètres de par le monde, dans toutes les conditions imaginables, pour ramener des millions d'insectes qu'il donne ensuite à des villes pour fonder des insectariums et amener l'humanité à respecter et à admirer tout ce qui vit avec nous. À chaque fois, ça lui brise le cœur de s'en départir, car sa passion de chasse sans armes est à recommencer. Je l'ai connu chez lui, toujours fou de joie d'avoir abandonné la carrière moins aventureuse du notariat. Il m'offrit une cage à criquets venue de Chine. Ça se porte à la boutonnière et le criquet emprisonné devient ainsi un compagnon musical. Ce cadeau scella notre amitié. En retour, je lui ai offert un texte de ma main. Le voici :

Mon ami Georges Brassard vit avec des papillons qui ont des yeux de hiboux sous leurs ailes pour décourager les prédateurs qui osent penser les bouffer – quel beau délice céleste. Il m'a aussi présenté ces papillons fous avec des têtes de cobras sur leurs ailes.
Et je suis reparti de chez lui ébloui de Thaïlande de scorpions de scarabées d'or d'océans et d'insectes rois de ce monde avec un cadeau :
Voilà la passion et la belle folie.
Merci d'avoir jeté un baume sur mes nuages souvent lourds.

Il m'expliqua qu'il y a des mules qui passent à la douane des papillons collés dans leur dos. J'ai trouvé ça plus poétique que de la dope dans l'estomac, même si c'était quelque peu illégal. Mais je crois que, pour les scientifiques, on peut fermer les yeux.

Georges, cet homme-dynamite, me raconta un jour comment, en Afrique, avec de longs gants, il allait dans l'anus des hippopotames pour y cueillir une bibitte qui ne vit que là. Encore là, pas de tuerie : l'animal était endormi. Quelle poésie. Je trouve ça triste que Riopelle n'ait rien vu quand je lui ai proposé de faire une série de gravures sur des papillons qui ont des yeux de hiboux sous leurs ailes, car les hiboux sont très importants dans son œuvre. Cette forme de camouflage permet au papillon de ne pas de se faire attaquer par les oiseaux. Tout ce que le peintre a trouvé à dire est que les ailes de papillons sont asymétriques, le con. Je crois qu'il a passé trop de temps en France. Il a attrapé l'esprit tordu des Français. Si vous rencontrez Georges Brassard dans un trou, dans une forêt ou dans un avion, demandez-lui de vous raconter sa belle aventure avec le petit homme, un enfant en phase terminale qu'il amena à la chasse au papillon bleu.

Notes sur ma mère

Ma mère m'a raconté que, avant ma naissance, mon père ne l'amenait plus jamais au hockey, car la dernière fois elle avait pris ça tellement à cœur qu'elle frappait sur la tête des gens de la rangée plus bas, dans le feu de l'action. Je l'entends encore raconter sur le siège arrière de l'auto, en revenant de cette cabane à sucre où elle a fait pisser de rire la serveuse : « J'ai connu les poux dans les trains, des rats de guerre qui ont mangé mes cretons et les contenants avec. J'ai connu les coquerelles par le voisin d'en haut venu des vieux pays, et j'ai même connu un Claude que j'avais dans la maison. »

En 1926 elle vécut un chemin de croix en miniature. « Quand j'étais enfant, me dit-elle, ton grand-père nous embarqua avec notre lunch sur le train pour des vacances dans la famille au nord de La Tuque, à Parent. Au début de ce voyage avec mes frères, j'épluchais ma banane, regardant le paysage et jetai par la fenêtre mon seul et unique dollar, au lieu de la pelure. Puis, à la première station le train s'arrête pour prendre de l'eau et des passagers. Ton oncle Vincent m'amène aux fraises quelques minutes. Naturellement, quand le train s'est remis à rouler, nous avons crié si fort qu'un employé dans le char de queue a aperçu nos petites têtes dans les blés, et a sonné l'arrêt. À la station suivante, on ouvrit la fenêtre pour mieux voir le paysage. Soudain, vlan! elle se referme violemment sur mes doigts. Ce furent des pleurs et des grincements de dents tout le reste du voyage. Pour finir, un mille avant Parent, le train dérailla et on fut obligé de transporter nos immenses valises.»

Vous êtes pas écœurés de mourir bande de caves! C'est assez!

Je me suis toujours dit que je ne pouvais suivre mon propre esprit, il ne peut accepter la mort automatique de nous tous à la naissance. Je l'ai crié dans la rue, et dans les tavernes, et sur les murs. Allez-vous me faire croire que nous sommes tous venus ici pour mourir? J'ai donné mon amour à tous les chauffeurs de taxi de la terre, criant que nous ne savons pas pourquoi nous sommes ici. Je sais la grandeur de l'être humain, parce que je suis soudainement devenu insupportable à moi-même, sachant que ça ne valait pas le coup de venir ici pour aimer à ce point. Seuls les moines ont touché la vie. Ils ont prié pour que nous soyons enfin.

J'entends les larmes de votre civilisation. Je rêve aux Îles de la Madeleine, où l'hiver est très long, où la morue se bat contre l'homme. Ce ne sera pas facile pour moi de quitter les Bahamas que je n'abandonnerai jamais vraiment.

La toux du dépotoir

Les mots «nous les disparus d'avance» m'ont toujours horripilé. Je ne peux rien faire pour mes frères humains. Voilà ma foi et ma désole. Voilà la pourriture de l'impuissance. La venue ici, la sortie d'ici, l'explosion mortelle et la direction inévitable du trou sont les briques de vos maisons qui chambranlent dès votre venue au monde. Vous sortez une pierre de la terre et vous l'ajoutez sur rien. Et c'est déjà terminé. J'ai vu vos actes sous la mer. Vous ne pouvez respecter une vie que vous n'avez pas. Ça a l'air banal d'aller au ciné somnifère, mais c'est comme ça qu'on meurt. On assiste à, en retrait. Suis enchanté d'être de ce monde. Comment se fait-il qu'on ne se regarde plus dans les yeux ? C'aurait été ça la solution, mais nous n'avons plus d'yeux. Nous n'avons que des cœurs qui pompent et qui pompent. Et on en a peur, là, à quelques centimètres. On préfère ne pas penser à tous ces viscères que l'on traîne jusqu'à la tombe, comme un enfant maussade et violent, ses jouets.

Bibelot-philie

Toute ma vie, j'ai eu six bibelots dans mes bagages. Ça vaut le coup que je vous les décrive. D'abord une chandelle rouge en forme de pomme, la queue étant la mèche, et on en a découpé une section de cire qui est devenue une vulve de femme avec lèvres, clito et tout. Puis un soulier de femme à talon haut en plâtre brillant et blanc. Une belle banane des îles en plastique, sauf qu'elle s'ouvre pour devenir un beau petit pénis rose. Le quatrième est une tasse en forme de sein qui dit : « Bois du lait. » Le cinquième est un mille-pattes horrible de sept pouces de long monté sur un morceau de corail. Et pour terminer, une tortue ainsi qu'un crabe dont les corps s'ouvrent ; les deux sont en bronze massif.

Venu de l'espace sans cigogne

Devant mon style de vie et ma forme de pensée, on m'a même demandé très sincèrement, un jour, si j'avais un père et une mère, comme tout le monde... J'ai tout de suite vérifié si j'avais un nombril moi aussi.

Le risque nutritif

J'ai eu des face à face avec sept requins requiems, c'est-à-dire mangeurs d'hommes : le bleu, le pointe blanche, le pointe noire, le marteau, le buffle, le tigre, et le requin citron dit cuivre. Mon plus gros, 14 pieds, se trouvait dans six pieds d'eau. Oh! quelle surprise alors qu'on pense qu'ils sont toujours au large dans le profond! Celui-ci se trouvait entre la plage et moi. Dire qu'en ce beau jour de marée basse les antennes des langoustes perçaient le ciel à la surface pendant que je passais la mort entre les doigts comme une bande élastique. Quelle belle journée c'était pour mourir dans l'émeraude.

Employé de la plume

Je n'ai jamais eu de job officielle dans ma vie, sauf deux de très courte durée. Je fus postier durant deux semaines. Fallait se lever à 4 heures a.m., alors je ne me couchais pas. J'ai distribué le courrier à la bonne adresse, tout du long d'une artère, sauf que ce n'était pas dans la bonne rue. J'ai quitté les Postes sachant que j'allais écrire toute ma vie, à tout prix. La deuxième fois, j'ai eu une job d'été à la boulangerie Weston. Écœuré après un mois j'ai lancé un sac de farine sans l'ouvrir dans le malaxeur géant. Ce fut tout un émoi de voir ces petits

morceaux de papier brun truffer les bouts de
pâte blanche avant l'entrée au four. Depuis je
n'ai jamais plus travaillé pour personne, sauf
pour ma plume.

Euthanasie chez la princesse

Un matin au réveil, chez une inconnue, j'eus la
rage au cœur de voir un si gros poisson dans un
si petit bocal. Pensant à tous ses frères que
j'avais côtoyés dans l'océan de la liberté, une
bonne urinade matinale dans le bocal, et c'en
était fait de ce poisson trop malheureux. Faut
dire que je crois très fort en l'euthanasie. Voilà
pourquoi j'ai toujours conservé une arme de
poing après avoir vendu ma collection d'armes
à feu, au cas où la société déciderait de me garder en vie malgré moi. Ma pauvre mère n'a
jamais su le contenu d'un paquet que je lui ai
confié avant de partir pour l'un de mes nom-
breux voyages : c'était mon revolver .357 chargé
à bloc et des jouets pour ces dames (camouflés
bien sûr). «Maman, peux-tu mettre ça en lieu
sûr? Ce sont des documents importants.» «Oui,
Claude, pas de problème. Je vais les mettre sous
mon lit.» (Je repense ici au client ahuri de
l'hôtel…). Ma pauvre mère était armée sans le
savoir.

Le consultant sans solde

J'ai rencontré un avocat qui dit partout à qui
veut l'entendre qu'il me doit des sommes

énormes et que j'ai sauvé beaucoup de sous à des couples en eaux troubles. Voici pourquoi : être avec deux femmes était chose courante, et je n'ai jamais eu à mentir sur mes relations, car je le faisais devant l'autre. Je recommande donc à cet ami avocat qui s'occupait de divorce, d'adultère et de toute cette panoplie de problèmes judéo-chrétiens de rencontrer ces couples en leur suggérant (surtout à madame) de se prendre une maîtresse dans la maison et dans le lit. Par ricochet, j'ai ainsi sauvé des centaines de mariage, car selon moi, 76 % de la femme est bisexuelle au lit et dans les petits gestes de la vie. Les messieurs concernés n'allaient plus voir ailleurs, comblés comme des gosses à la foire qui veulent aller dans tous les manèges à la fois.

Le bachot par la fenêtre

Au cours des ans on a tourné quelques films sur moi, sur ma vie et sur mon œuvre, dont un spécial d'une heure à la TV où l'on invita des gens qui m'avaient connu. J'étais présent quand un confrère nous rappela un fait : « Te souviens- tu, Claude, quand le prof t'a pris en flagrant délit de jeter ton pupitre par la fenêtre au collège. » Ça voulait tout dire. Je n'ai jamais terminé ces études. Fuck. La poésie a emporté mes esprits et ma vie.

La charité pour les quelques kilomètres
de plaisir qu'il reste

Quand mes vibrateurs commencent à être fati-
gués et à trop ronronner, je les donne à des filles qui adorent se faire jouir mais qui sont
encore trop mal à l'aise pour entrer carrément
dans un sex-shop. Je fais mon épicerie dans un
sex-shop exactement comme dans un marché
d'alimentation. Les godemichés et autres délices
sont vieux comme le monde. Je donne des boules chinoises en cadeau au cas où ces demoiselles iraient faire de l'équitation ou marcher sur le
macadam avec des talons hauts.

La drague du porc

J'ai toujours eu des façons bien particulières de
draguer les filles. En voici une : par un bel
après-midi ensoleillé, je faisais la fête avec des
copains à la terrasse coin de Maisonneuve et de
la Montagne. Sur la rue, des centaines de pas-
sants. Je repère une fille dans la foule. Elle
apparaît comme un papillon noir sur un mur
blanc. Je me lève carré, les copains surpris se
demandent encore une fois ce que je mijote et
me suivent des yeux. Je me dirige droit sur elle
en pleine rue, lui bloque le passage, sort la
langue en lui pointant mes doigts en forme de
revolver et en disant : «Montre-moi ta chatte.»
Foudroyée, elle sourit, me suivit à la table et
admit devant tout le monde que jamais dans sa
vie elle n'avait été draguée de si verte et si
directe façon. «Ça m'a enchantée», nous dit-elle.

Et moi d'ajouter : «C'était quand même mieux que de t'avoir demandé ton signe astrologique.» Et les libations continuèrent de plus belle. Je ne vous dis pas si j'ai vu sa chatte : secret professionnel.

Souvenirs téléporctuaires

Dans ces années-là, on interviewa avec moi une comédienne avec qui j'ai vécu quelques années. J'ai toujours dit que ma vie amoureuse était simple : la première, cinq ans, la seconde, cinq ans, la troisième, onze ans, la quatrième, cinq ans. Mon visage radieux en disait long sur le jeu du commentateur qui perdit contenance en demandant à ma compagne : «C'est un poète, il doit vous dire des belles choses.» «Oh oui! cher monsieur, il m'appelle crotte de pou!»

*

Une autre fois, dans le même style de talk show surfacique à la TV, une commentatrice connue me glissa : «C'est triste un beau jeune homme comme vous qui a subi une vasectomie à 19 ans.» Et coup sur coup je réponds : «Oh, ne vous en faites pas, j'en ai conservé. Voulez-vous un cru de 1959, ou même 1958.» J'ai toujours adoré voir les cameramen éclater de rire. C'était ma façon de savoir si j'avais touché le cœur des téléspectateurs.

Tragic comic

Toujours rue de la Montagne, un mardi probablement, car j'ai toujours eu les samedis en horreur, je suis au bar avec une future conquête et passe du temps à jouer avec le crayon tout près, au cas où l'inspiration atterrirait. De toute façon les barmen étaient habitués car, dès mon arrivée, ils faisaient apparaître le crayon, le papier et une bière glacée. J'étais assis près de la porte. Soudain on entend un son très particulier. Je savais que c'était un corps. Je retiens ma copine. Grand émoi. Ça court partout, des serviettes mouillées, de la glace. Une serveuse en larmes et surexcitée s'écrie : «C'est effrayant, un client a sauté, c'est un suicide, en plus, il s'est frappé la tête sur le balcon du 2e étage et un autre client qui sortait du garage l'a écrasé, après qu'il est mort. C'est effrayant.» J'ai éclaté de rire : «Enfin, un bon suicide, et double en plus. Il ne s'est pas manqué, celui-là», dis-je, esclaffé. Ma copine, toute à l'envers, me regarde comme si j'étais un monstre et se demande quel genre d'oiseau peut bien rire autant dans des circonstances si tragiques. Au comble de la terreur, elle part. Moi j'ai compris depuis longtemps qu'un mort est mort, que ça ne change rien de s'alarmer et que, comme je l'ai déjà écrit, tu peux dire n'importe quoi à un handicapé, car tu ne lui apprends rien. Une peine d'orange me touche davantage, ces oranges magnifiques qu'on laisse pourrir sur les arbres pour contrôler le marché.

Tout enfant, à Rosemont, ma mère me vit boiter. Alerte, alarme aux grands spécialistes, prières, et branle-bas de combat. Le verdict : ostéo-contrite (l'os de sa hanche allait s'égrenant). Cette maladie très rare était incurable, et elle l'est encore à ce jour. Alors on m'imposa un appareil orthopédique qui tenait ma jambe repliée et je marchais avec des béquilles. Je me rendais à l'école Victor-Doré pour handicapés dans un autobus spécial. Ce fut dramatique pour mon orgueil de jeunesse. Je n'ai jamais accepté cette condition et, contre les avis des médecins, j'ai toujours mis du poids sur ma jambe, me servant des béquilles comme des mitraillettes. En plus, la gravité de cette maladie était telle qu'elle stoppait la croissance, déformant complètement l'individu, et pouvait le faire mourir tout jeune. Par miracle, tout est redevenu normal au bout de deux ans. Personne ne sait pourquoi ni comment. Aujourd'hui encore, ma mère dit à qui veut l'entendre qu'elle regrette d'avoir tant prié, sachant bien qu'avec mes «trois» jambes, je vais dans les endroits les plus mal famés de la planète.

Par la suite j'ai fait mon testament au nom des enfants handicapés. Je recommande toujours aux déprimés d'arrêter de se plaindre et d'aller à l'hôpital de leur choix y voir les combats héroïques des enfants malades. Mon seul souvenir d'horreur, lors du camp d'été de ces enfants handicapés : un paraplégique qu'on avait déposé sur la berge se mit à crier en silence. Je l'entendis. On le sortit de l'eau : il était couvert de sangsues.

*

J'ai été initié à la franc-maçonnerie sur l'îlot du Cupidon, près de l'île d'Eleuthera. La recherche de la lumière était sacrée pour moi. J'ai donné ma vie à la poésie pour cette raison. Je cherche la lumière dans les bas-fonds, les entre-cuisses et les îles les plus reculées par le tonnerre.

*

Je ne me suis jamais pardonné d'avoir jadis craché à la figure de ma grand-mère Rose-Hélène qui m'aimait trop fort. Depuis je me laisse embrasser par tout ce qui passe, comme pour me reprendre et me remettre de cet opprobre.

*

Mon père m'inocula la poésie sans le savoir. Comme il était médecin pour le ministère de la Santé, il inspectait les équipages des navires longs-courriers et m'amenait parfois à bord. Quelle magie ! Que de mystères d'odeurs jamais vues ! Que de sons jamais reniflés ! Que de visages émaciés, et ces ancres énormes qui vous plongent droit dans le cœur. Toute ma vie, par la suite, j'ai écrit sur la mer, sur les navires et leurs mystères. Je suis tombé en amour avec ces figures de proue, ces femmes danoises et roumaines et russes d'un autre monde. Au milieu de ma vie, je me retrouvai dans le Triangle des Bermudes, adorant le risque de nager en plongée libre avec des requins requiems. J'ai fait des pêches bibliques de mérous et de langoustes. Je porte toujours une dent de requin au cou, mais ce n'est pas moi qui l'ai tué. J'en ai une autre au mur, longue de trois pouces, large de deux, trouvée dans la terre. Elle vient d'un requin préhistorique, et ce n'est pas moi qui l'ai tué non plus.

*

Quelqu'un m'a dit un jour : « Toi, Claude, tu te promènes allègrement entre deux tranchées qui se font la guerre et rien ne t'atteint. » Je maintiens cette description plus j'avance dans ma vie minée. Je me fais penser à ce loup blanc recherché dans cinq États américains pour avoir tué des centaines de têtes de bétail. On mit des boulettes de viande empoisonnées en V dans son sentier préféré. Il ramassa délicatement le tout avec ses pattes de devant, en fit un tas, pissa et chia dessus en plus. On finit par l'attraper quand il tomba en amour et perdit l'acuité de son système de défense pour protéger sa femelle. C'est là ma faiblesse, cette belle gent féminine qui m'emporte sans défense, irrémédiablement. Ou je dis bien : ...miserediablement.

Porte à gauche

Un jour, voulant un Noël tout blanc, je dévissai aux petites heures toutes – je dis bien toutes – les lumières multicolores de tous les sapins de tout un côté d'une rue à Longueuil, sans me faire prendre, enfoncé dans la neige jusqu'à la taille.

Toute ma vie j'ai eu un sens unique, une prédilection pour un côté de rue, comme postier ou dévisseur : j'ai même payé une tournée à tout un côté de la rue Crescent, c'est-à-dire à une dizaine de terrasses. Je vois ça d'ici, les garçons se passant les additions et la tête d'une centaine de gens cherchant d'où vient ce drink.

*

À Syracuse, j'ai eu le bonheur de rencontrer un millionnaire qui avait réalisé son rêve : avoir un bar et en être le barman. Avec son chapeau de paille, ses patins à roulettes, sa veste de clown, ce vieil homme me raconta que son bar était le seul bar de la planète sans aucun client. Il ne comprenait donc pas comment j'avais pu y entrer. Ce merveilleux fou avait ouvert un bar sans porte d'entrée, ne voulant voir personne et jouissant tout simplement d'être là, comme ça, pour rien, à patiner de long en large.

*

Quelques amis ont épicé ma vie. Je pense à Pepine tout nu dans l'élévateur, criant aux pompiers : « C'est pas moi, c'est pas moi. » Il avait effectivement mis le feu à son appartement avec un vibrateur laissé en marche entre deux matelas. Je pense à Pierre, au Mexique, qui avait caché tout son argent dans le toit d'une hutte à quatre endroits marqués par de la pâte à dents que les lézards, malencontreusement, mangèrent : ils ont donc dû défaire le toit pour retrouver le magot. Je vous raconterai plus loin mon voyage à Lourdes avec le sculpteur Jordi Bonet, où nous sommes allés faire pousser son bras.

*

Je suis cheval dans l'horoscope chinois. Un vétérinaire me raconta que si tu veux faire plaisir à un cheval, amène-le dans l'eau, ou du moins descends-le dans une piscine avec une bâche sous le ventre pour enlever le poids sur ses jambes et le rafraîchir. J'ai effectivement passé la moitié de ma vie dans l'eau, mais j'ai toujours rêvé de me rendre en Asie pour me faire masser les pieds jusqu'à ce que mort s'ensuive. Un de mes amis me rappela comment j'ai stoppé deux chevaux en furie rouge qui allaient piétiner quelqu'un. Ce jour-là, j'ai dû parler cheval, yeux dans les yeux avec eux. On s'est compris en un éclair.

Dans un de mes livres de paix et de folie, j'avais déjà un cochon respect pour le cochon. Je me rappelle quelques tranches.

« Le cochon est un anarchiste jusque dans son lit. Il crache à la face de ceux qu'il engraisse et qu'il rend malades à force d'être leur vivant portrait. Il vocifère simplement en étant. Il est beau, et comme un homme il brille par en dedans. C'est aussi une machine organisée qui vit dans la même boue au néon que l'humain. [...] C'est le soldat inconnu. Il est toujours prêt à tout, pourvu qu'on lui montre le beau chemin de l'idéal du sang. [...] Je veux être réincarné en cochon. Je veux un cochon sur mes armoiries sans devoir passer par le bacon. Je ne veux plus que les hommes se traitent de cochons. Je veux avoir la PAIX, et je suis fier d'être de la belle lignée des animaux, c'est-à-dire la lignée des Phéniciens, des Incas, des Cochons et des Mutés. »

*

À Paris dans un bar à bière rempli d'Allemands, j'ai passé bien près de déclencher une nouvelle guerre mondiale quand j'ai lancé, comme ça, très fort : « Si vous étiez tous dans la fanfare durant la guerre, alors contre qui les alliés se sont-ils battus ? »

Lors d'une autre rencontre hétéroclite, il s'agissait cette fois d'un ancien marin de la marine
marchande qui naviguait sur les convois durant
la Deuxième Guerre. Je lui ai demandé s'il avait
déjà été torpillé. «Non, répondit l'autre, j'avais
tellement peur que je dormais sous le niveau de
l'eau, dans la soute à munitions.»

*

Une autre fois, dans un bar de bas niveau du
Bronx, à New York où j'adorais me perdre, j'ai
demandé à mon voisin tout gentiment : «Vous
avez sûrement déjà passé du temps dans les
Caraïbes?» C'est que, comme moi, ce client lais-
sait un pouce ou deux de bière dans le fond de
sa bouteille : on fait ça dans le Sud parce que la
bière se réchauffe rapidement. L'autre se leva
en furie, à ma grande surprise, et manqua me
frapper. Le barman accourut et m'expliqua que
cet homme était un agent secret de la D.E.A. en
mission et que, sans le vouloir, je venais de brûler toute une enquête, car il avait juré à des
clients sous surveillance que jamais il n'avait
mis pied dans les mers du Sud.

*

J'ai trois grand amis qui venaient d'Espagne.
Le-Papa-Pedro-à-tous, Jordi Bonet, le sculpteur

emeritus et José Pepine Barrio, le merveilleux fou-absent-toujours-là.

À chaque lancement d'un de mes livre, Pedro me demandait : «Où prends-tu le temps d'écrire? Tu es dans mon bar 18 heures sur 24, et le reste tu baises.» Et moi de répondre : «Papa Pedro, pourquoi manques-tu toujours de cartons d'allu-mettes et de serviettes de table au bar? 24 heu-res sur 24, j'ai toujours écrit en vivant. Ma table de travail est plutôt une table d'assemblage et de mise bien en place. Je prends des notes sur-tout sur tout. Je n'ai jamais vécu le syndrome de la page blanche.»

Aventures avec Jordi

Fils de médecin comme moi, il perdit son bras tout jeune et devint un sculpteur renommé. Je dis toujours : «Lui il a perdu son bras, il a sculpté. Moi j'ai perdu l'esprit, c'est ce qui m'a permis d'écrire.»

Nous sommes partis de Barcelone, Jordi et moi, avec un œil sur le mont Perdu et avons abouti dans les Pyrénées, où nous avons décidé de nous payer un «château en Espagne». On a choisi un village abandonné avec une église, quelques maisons, une école et des bâtiments habités par des chèvres et des poules sauvages. Nous nous voyions déjà en train de rénover le tout en bonne compagnie de trois ou quatre fil-les chacun. Fallait bien de la main-d'œuvre et du désennui. Seul le bar était à construire. Un notaire à Barcelone a préparé les papiers et nous sommes allés rencontrer le proprio. 5 000 $ cash et tout était O.K. Sauf que le notaire de Barcelone s'était trompé dans les cadastres et on avait acheté par erreur le village voisin de quelques kilomètres, lequel était habité. Nous avons bien ri à l'idée d'avoir acheté un village avec des gens dedans, à leur insu. Toute cette histoire devint si compliquée que nous en avons abandonné l'idée pour d'autres aventures.

Plus tard, en escaladant ces monts en auto, j'ai passé bien près de tous nous jeter dans le précipice en jouant un tour digne de ma mère-grand, de ma mère ou de mes oncles. C'était la nuit. La route grimpait et grimpait toujours en cercles. Le silence de la fatigue régnait. J'étais assis derrière et j'ai ouvert ma portière sans bruit et je l'ai refermée violemment en m'écriant : «Bonjour tout le monde.» Il s'en fallut de peu pour qu'on aille s'écraser dans le précipice. Pour moi, ce tour pendable signifiait que je venais d'arriver là comme un ange. Jordi ne l'a jamais oublié.

Ni quand nous sommes arrivés de nuit à Cadaquès dans le chic lobby en marbre de l'un des rares hôtels. Je vois encore parfois, après toutes ces années, les yeux écarquillés du jeune portier. C'est que j'avais acheté une belle grosse bouteille de cognac de 160 onces en souvenir, et je l'avais enrobée avec mes vêtements dans ma valise. Nous signons donc le registre, pendant que le jeune garçon boutonne sa veste, les yeux bouffis de sommeil. Une odeur âcre et plaisante à la fois envahit l'entrée. Nous, nous avons vite compris. Mais pas lui, qui fixe cette valise d'où s'écoule une rivière de cognac sur le marbre. Plus ça se répand, plus il est ébahi et plus nous rions aux larmes. Ça devint un lobby d'enfer, de culpabilité et d'abandon devant le fait. Alors, pour nourrir le rire de cette dernière cène, j'ai empoigné un veston imbibé dans ma dite valise et, debout au milieu du lobby, dansant dans le cognac, je tordis ce vêtement au-dessus de ma tête pour en boire. Là ce fut le comble et j'ai eu, comme mes oncles qui jadis faisaient pisser de rire ma grand-mère ricaneuse, la satisfaction de voir un beau rond humide prendre forme dans l'entre-jambe de Jordi qui ne pouvait plus rien retenir dans son pantalon.

Durant ce même voyage, on a abouti à Lourdes. La première grenouille de bénitier que nous avons rencontrée nous félicita de venir prier à Lourdes si jeunes. De toute façon, ce n'était pas la place pour draguer des jeunettes. En répartie, je lui lançai : «Ma bonne dame, on est venus pour faire pousser le bras de mon ami.» Et la vieille de se retirer poliment, un peu apeurée, marmottant : «C'est bien, c'est bien…» Nous on est allés s'éclater de rire plus loin, nous cachant la tête dans nos mains comme dans une église.

À un bar, le lendemain, sortis de l'enfer des miracles et de cette manufacture de souvenirs, Jordi, le prince-sans-rire, d'un air absolument imperturbable et penaud, me glissa, la larme à l'œil. «Tu sais, je crois que mon bras ne poussera pas…» Nous l'avons ri pendant deux jours.

De retour au Québec, je décidai d'amener Jordi faire une promenade en canot à St-Jovite.

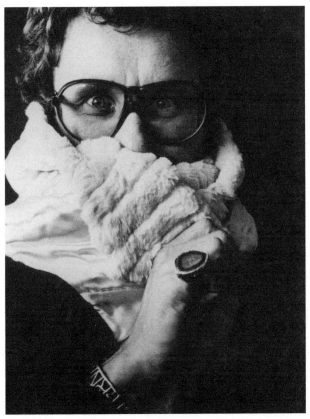

Photo : Pierre Guimond

Nous étions cinq, car il faut toujours trois filles
au cas où l'on irait droit au ciel. Une fois rendus
au milieu du lac, le vent se leva et l'eau nous
léchait les doigts sur les rebords de l'embarca-
tion que l'on agrippait tous très fort. Jordi avait
les yeux les plus ronds qu'on puisse imaginer :
d'un seul coup tout le monde réalisa avec lui
que si ça chavirait, il lui serait très difficile de
nager avec un seul bras, ce qu'on avait oublié
tous de réaliser en embarquant sous ces nuages
noirs. Éclat de rire général.

Encore aujourd'hui, je pense au bracelet en argent que Jordi avait sculpté pour moi. J'ai dû m'en défaire. Voici comment c'est arrivé. Lors d'un passage en Floride pour voir mes copains, j'ai rencontré une fille. Libations, libations, et hop dans le lit. Au matin je mets mon pantalon et le sens trop léger. C'est que j'avais sur moi une liasse de quelques milliers de dollars, en cash comme il se doit, en bon descendant d'hommes de la forêt, faisant face à un mois ou deux de vacances aux Caraïbes. Horreur! «Tabarnac, elle m'a volé!» Je la réveille brutalement. «Where is my money? I don't know, je ne sais pas!» Au milieu des cris, des insultes et de ses larmes, mes esprits brumeux s'éclaircissent: la poubelle! J'avais caché mon argent dans les rebuts. C'est que j'avais la bonne mauvaise habitude de cacher mes sous comme un chien son os et d'oublier ces endroits incongrus. Gonflé d'excuses, ne sachant que faire, je lui ai donné ce magnifique bracelet unique où Jordi avait gravé: «Éternité!» Mon mot favori devant la seconde que dure la vie ici.

Aventures trop picalesques

Laissez-moi vous parler de Pepine Barrio que j'ai tant aimé. J'ai connu Pepine dans les petits cafés de la bohème à Montréal, alors que je donnais des récitals de poésie, brisant des barrières en «happenings» avec d'autres artistes. Pepine venait de Madrid et avait abouti comme mime au Canada, en tournée avec les Drims. Il n'était jamais reparti. Entre ses voyages et ses frasques avec moi, il travaillait à Radio-Canada au service international. Afin d'être à l'heure, il avait inventé un truc pour se garder entre deux eaux, un genre de cadran, car nos heures de sommeil étaient rares à cette époque. Pedro fermait son bar de la Casa à 6 h 00 a.m. Tout le monde allait ensuite chez quelqu'un, avec un sac vert bien garni de bière clandestine, attendre l'ouverture de la taverne à 8 h 00.

Le cadran de Pepine se décrivait comme suit : raide nu et saoul, il s'effondrait sur le divan, ou le lit ou le tapis, mais toujours avec la clarté mentale de ne garder qu'un bas pour ne pas sombrer dans les abysses du sommeil. Avec ce truc, Pepine a toujours été ponctuel.

Comme j'étais fier quand il m'a présenté à la Place des arts avec sa grande cape noire qu'il ouvrait, découvrant des sous-ailes rouge feu comme une araignée gavée de sang.

Comme j'étais trop direct et souvent cru avec ces dames, j'avais recours à Pepine qui était la diplomatie même. Quand, moi, le poète fou, je croyais avoir rencontré la femme de ma vie, et ne voyant pas encore que ce n'était pas celle-là tout à fait, je la présentais innocemment à Pepine qui, avec le sourire et l'air d'un empereur, demandait alors à cette gente demoiselle : «Êtes-vous déjà allée en Normandie ?» C'était le signal convenu entre nous qu'elle allait débarquer de ma vie.

Le miracle mexicain resté inexpliqué

En direction d'Isla Mujeres, Pepine et moi faisons une escale de quelques jours à Mexico City. L'avion atterrit – de toute façon il le faut, les réserves de bière à bord sont à sec, et nous nous installons au premier bar ouvert dans le premier corridor venu. Libations, libations, surtout que Pepine parlait espagnol avec le barman, le tout arrosé de plusieurs visites à la pissotière. Au soleil couchant, « encore une dernière tournée, por favor », « bonjour mademoiselle, vous venez de où, nous on vient de Montréal et on s'en va sur la côte quelque part ». Libations, libations, bref ce n'est que plusieurs heures plus tard que nous avons décidé qu'il était l'heure de descendre dans un hôtel. Comme nous n'avons toujours que des bagages à mains, les déplacements ne sont pas un problème. Il devait être autour de minuit. L'aéroport était presque vide. Nous sautons dans un taxi pour aller downtown. C'est alors que nous nous regardons et nous réalisons que nous n'avons passé aucune frontière, aucune douane, aucune immigration. Effectivement, nos passeports n'avaient pas été estampillés. La seule explication à ce jour est qu'on nous a oubliés là, au bar, ou qu'on a changé les couloirs d'accès, ou qu'on n'a jamais osé nous demander d'où nous venions ou où nous allions. La bière était soudainement devenue un véritable passe-partout international.

Rendus à l'Île aux femmes, le soleil était ardent. N'ayant ni l'un ni l'autre beaucoup de poil sur le coco, il nous fallut des chapeaux. L'une des rares boutiques n'en avait que des roses à pois verts. O.K. D'accord, vendus. Anyway, il fait si chaud. Pepine, qui venait me visiter parfois aux Bahamas, disait toujours qu'il ne prenait que les vagues à l'ombre pour se protéger du soleil.

Comme nos chemises de voyage étaient un peu lourdes, je suggérai qu'il serait préférable d'avoir des vêtements tropicaux. Cette même boutique pour femmes avait bien des blouses, mais celles-ci boutonnaient de l'autre côté. Pas de problème, on achète. De toute façon, nous sommes sur une île presque déserte, personne ne remarquera cette anomalie. Quelques enfants commençaient déjà à nous suivre en ricanant. En sortant de la boutique, Pepine attrapa un parapluie pour se faire de l'ombre. Une seule couleur disponible : jaune serin. Nous errions donc au gré du vent d'une bière à l'autre, mais la monnaie mexicaine devenait bien lourde dans nos poches. En plus Pepine fumait – ça allait le tuer un beau jour. Donc il nous fallait une petite sacoche pour tous nos effets personnels. Tout ce que nous avons pu dénicher fut un petit sac à main bleu ciel avec zipper, couvert de mini-écailles de poisson. Ça faisait très féminin, ça aussi, mais peu importe, c'était une nécessité. La marmaille qui nous suivait en se moquant grossissait de bar en bar. Vers la fin de l'après midi, avec blouses blanches, chapeaux roses, la parapluie jaune et le sac à main, j'ai demandé à Pepine, comme il parlait espagnol, d'aller à la pharmacie acheter de la vaseline pour mes lèvres séchées par le soleil. Pepine, bombant le torse, me lança : « Non. Trop c'est trop ! Vas-y toi-même. »

Dans la même veine
qu'à la douane mexicaine

On déambulait tranquillement dans un Vieux-Montréal étrangement désert. Nous avions comme une sensation sèche sous la langue, à cause de la veille, et sous les pieds, car nous piétinions des nuées de cristaux de verre brisé, plutôt éclaté. « Qu'est-ce qui s'est passé ici, c'était sûrement d'une rare violence ? » C'est qu'ayant passé trois jours enfermés à écouter de la musique, à jaser, à boire comme il se doit entre amis, nous avions complètement perdu contact avec l'extérieur. Nous étions les deux seuls dans la ville à n'être pas au courant des émeutes de cette époque troublée dans l'histoire du Québec. Durant ces trois jours Pepine m'avait fait découvrir le grand poète Ramon del Valle-Inclan, qui créa des personnages affligés de difformités physiques et morales. Ma vie fut donc infiniment plus créative ce jour-là, dans ce petit appartement du centre-ville.

Nous avions un ami commun, très coloré, qui était plongeur chez Pedro. Il s'appelait Domingo, et je l'ai cité dans l'un de mes livres. Il buvait quotidiennement presque tout le bar, c'est tout juste s'il ne buvait pas l'eau de vaisselle. Un jour, Pedro lui paya un billet pour aller visiter ses parents en Amérique du Sud. L'avion eut des problèmes de moteur au-dessus des Andes. Chute rapide. Panique à bord, sauf Domingo très calme qui criait à tous ces abrutis avec son drink sorti droit debout hors du verre : «Pourquoi vous vous énervez, ce n'est pas à vous l'avion?» Encore aujourd'hui, tout le monde devrait se servir de cette phrase pour calmer ceux qui, hélas! prennent tout sur leurs épaules.

Une note dans mes papiers, signée par Pepine : «Ma joie de t'avoir connu est éternelle.»

J'ai quatre surnoms dans les Caraïbes

On m'appelle : «5000» (*five thousand*), car les villageois voyant mes blondes, brunes et rouges arriver et repartir croyaient que j'avais une réserve, une boîte de chattes cachée quelque part. «Le Monstre» (*Monster*), aucune explication. «Tabernacle» (*Tabernacle*), aucune explication. «Coquerelle» (*Roach*), aucune explication.

À la Casa Pedro

6 h 00 a.m. Last call. Escalier abrupt. Ébriété avancée. En plus, il faut passer deux heures à attendre l'ouverture de nos deux tavernes, la Chapelle et la Cathédrale. Donc un cri général : «Pedro, une caisse de 24 dans un sac à vidanges.» «O.K.», répond Pedro. Beding, bedang, cul pardessus tête, chute monumentale sur deux étages dans le verre brisé et la bière. Première marche ratée, car une fille est couchée en travers dans l'escalier. Donc : «Pedro, une autre

caisse de 24, l'escalier était trop raide.» «O.K. D'accord. Remonte la chercher.» Comble de bonheur, au lever du petit jour, aucune blessure apparente et on a de la bière en or. Ainsi allait la vie : nous étions les monstres tant aimés de Pedro.

Le démon

Ma seule vision d'horreur, mise à part une solitude atroce, je l'ai vécue avec un requin marteau de trois mètres. J'en ai perdu l'appétit pour trois jours, comme lorsque je n'ai pas une femme avec qui partager mon repas. L'un des plongeurs les plus audacieux des Caraïbes se moqua de moi : «Un requin c'est toujours un requin, t'en fais pas avec ça !» Trois semaines plus tard, je l'ai retrouvé au bar, l'air hagard et fixant sa bouteille. Je lui lance : «Tu as fais la connaissance d'un requin marteau ?» Son silence disait tout.

Mama noire

Ma première mama noire, je l'ai connue à 6 ans, à l'épicerie du coin dans le quartier Rosemont. Elle faisait une promotion pour de la mélasse. J'ai toujours cru que c'était elle, la dame sur les pots de Aunt Jemima. Depuis, j'en ai connu des centaines de grosses belles femmes rebondies avec des culs larges comme la mer, partout dans les Caraïbes où j'ai été adopté par toutes ces mères énormes et pleines de plis, qui pètent la vie. J'espère que celle que j'ai épousée à

18 ans ne deviendra pas comme elles, ces for-
midables bombes noires qui suintent.

Dans la trappe

Aux Bahamas, l'un de mes amis était un cultivateur âgé et retraité qui habitait une cabane en
bois, littéralement rongée par les termites. Ça
s'est passé sur l'îlot du Cupidon où j'habitais.
J'étais fier d'y être le seul blanc. J'adorais visiter
ce solitaire hirsute qui avait nom : oncle allez-
au-diable, c'est-à-dire *uncle Damn-it*. Personne
n'osait s'aventurer dans son boisé calcaire sur le
récif, et les gens se moquaient de notre amitié
rocambolesque. On nous entendait s'éclater de
rire dans le clair de lune, par l'unique fenêtre.
Un nuit le visitant, je l'ai retrouvé un verre à la
main, au centre de son unique pièce. Nous
avons alors porté un toast. Mais comme le plan-
cher était pourri sous nos pieds, nous l'avons
défoncé jusqu'à la taille, sans perdre une goutte.
Quel beau toast hors de ce monde, bien arrosé
de nos rires d'enfant. L'unique dent d'oncle
Damn-it brillait comme une étoile.

Cette cabane de l'amitié allait être emportée
sans pitié par l'ouragan Andrew quelques années
plus tard. Oncle Damn-it, une chance pour lui,
était déjà parti depuis longtemps au paradis des
fermiers.

Au cours d'une de ces nuits infernales, j'ai
écrit pour lui : « Si on me cherche, je serai au Blue
Room près du cimetière qui lèche la mer, entouré des trophées de la balle-molle et des

conques rosés avec leur belle gueule ouverte sur la vie, avec Milot le chien laid qui prend son bain de mer salée et s'étend près du frigo de Coca-Cola à l'entrée, près des deux portes moustiquaires défoncées qui se frottent les fesses. On me trouvera parmi les plantes artificielles quand l'électricité est coupée et paralyse les hélices au plafond même si j'entends la musique du soleil qui s'amuse dehors. J'ai les yeux bleus, je ne peux plus que voir du ciel bleu, même si les bas de nylon des bars éperdus dans les grandes villes et les restos fous avec leurs spaghettis à l'encre de pieuvre me manquent. J'ai pris la décision des îles pour l'instant, ensuite je m'en vais vers le trou avant mon temps. Je creuse ma vie. Il y a un attroupement, car ce n'est pas tous les jours qu'un vivant est aussi méticuleux devant sa mort. Tous ont les yeux ronds quand je descends, quand je m'étends et m'endors les yeux ouverts. Je vous vois tous autour du trou, remettant le sol à sa place, sans laisser aucune bosse ni aucune trace de ma présence, comme c'est le cas pour tout le monde, car je me fais petit entre les os des autres : sans respir, sans cri, sans me lever d'horreur, sans rebondir, j'avale de la terre, mes yeux bleus voient brun, c'est fait. »

*

J'ai toujours écrit sur des bouts de papier, des cartons d'allumettes, des serviettes de table, en vivant. J'ai même une fois quitté un bar avec une nappe couverte de ces mots : « Le sperme, la vie que nous disons porter, n'est que l'héritage des clous de nos tombes... Hélas ! je n'ai pas le courage des moines, je serais pourtant tellement heureux avec eux. J'ai plutôt laissé la peau des femmes grandir et s'étendre sur mon cerveau jusqu'à l'étouffer de délire... J'ai l'absence de moi-même, je me quitte tout le temps, je ne m'explique qu'au temps. Et quand je mourrai, je vais en mourir tout un coup, car j'ai décidé d'être fou. »

J'ai même développé une amitié et une admiration envers le père Vidal, un Bénédictin. Je l'ai visité plusieurs fois à l'abbaye de St Benoît-du-Lac. Fils de médecin comme moi et populaire auprès des femmes, il m'expliqua que sa vocation venait du fait qu'aucun amour sur terre ne pouvait le combler autant que celui qu'il éprouvait pour le Christ. Quelle beauté !

Je suis incapable de ce don et de ce sacrifice, trop ancré dans la chair et déchiré entre la prière et la débauche. J'ai toujours été franchement très impressionné par les réponses des moines, comme celle-ci devant la critique : « Si cela semble si facile de se laisser porter par la communauté, comment se fait-il que nous ne soyons que dix-huit au monastère. Pour ce qui est du hockey le samedi soir, on n'a pas besoin de TV : nous achetons le journal au printemps, après la fonte des neiges, et on a tous les résultats. »

*

Ce mysticisme, je l'ai vu en Espagne dans une église déserte, seul, écoutant un concert donné par trois musiciens aveugles.

*

Comme mon père, je n'ai jamais aimé conduire. Le tour d'auto du dimanche après-midi était pour Georges-Étienne une véritable corvée. À 54 ans, je ne conduis que dans les Caraïbes, et je n'ai jamais tenu un volant dans une ville. J'ai préféré employer un chauffeur pendant des années ; assis à l'arrière, je pouvais brasser mes papiers et mes affaires et avoir quatre rendez-vous dans l'avant-midi. Ado, je cherchais un tournevis pour ouvrir le bar chez mes copains dont les parents étaient en voyage pendant qu'eux cherchaient le double des clés de l'auto pour faire le tour du voisinage avec l'auto de papa et faire des vroum vroum...

*

Mon tout premier requin, je l'ai vécu sous la neige et la glace à Rosemont. Dès lors j'ai senti que nous aurions d'autres rendez-vous. J'avais alors dix ans. Un éleveur de chiens saint-bernard nourrissait ses bêtes avec des steaks de requins gelés qu'il sciait dans sa cour. C'était mon destin de les voir d'abord ainsi paralysés à jamais, avant de les revoir nager en toute grâce et en

108

toute liberté dans les mers du Sud. Je demande de me laisser mourir dans la mer, cette dump-merveille aussi profonde que notre imbécillité et notre acharnement à la tuer.

Calorifère

Mes lancements de livre ont toujours été des événements. En voici un, dont je porte encore les séquelles sur mon cuir chevelu. Le titre du livre : *Calorifère*, sans jeu de mot. Tirage limité et numéroté. Le lieu : l'atelier de fonderie d'un ami sculpteur. Livre rivé à la tête, s'ouvrant en éventail et illustré par trois peintres.

Comme je me suis très souvent retrouvé seul après mes lancements, mon livre sous le bras, j'avais pris soin de mettre une copine sur la glace pour l'après-Calorifère. Elle était toute belle et prête à tout. Le sculpteur avait décidé de faire une démonstration de poudre métal-lique en fusion. Sauf que de l'humidité, croit-on, s'était glissée au fond du baril, ce qui provo-qua une forte explosion. Je vois encore ça d'ici : les toitures d'autos en feu et criblées de trous, des gens en panique, les vêtements brûlés, les cris, et ma copine en larmes tenant des touffes de ses cheveux dans ses mains. Je me suis retrouvé seul dans un trou de nulle part, mon livre sous le bras. Mais le *Calorifère* était lancé. 1965.

Nuits de la grande honte

L'une de mes maîtresses portait au cou un magnifique bijou rouge vif en forme de cœur. Comme j'aimais les petites folies sexuelles – n'étant pas un adepte du fouet ou des cordons à la tête du lit et aux chevilles –, j'ai inséré ce joli jouet là où vous pensez dans cette demoiselle, s'amusant à lui donner du plaisir avec la chaîne : insertion, désertion, réinsertion, retrait, rétraction, et crac la chaîne se brise. Naturellement ma main plonge pour sortir l'intrus de sa fâcheuse position, mais ce dernier fuit et s'en va dans les abysses. Pendant une heure, rien n'y fit. Résignés, on se rendit à l'urgence de l'hôpital, la tête entre nos quatre jambes. Par miracle, le médecin qui alla chercher l'intrus rouge se fit rassurant, nous expliquant que la veille il avait dû sortir une bouteille de Coca-Cola dans un arrière-train. Voilà pourquoi j'ai baptisé cette aventure «La nuit de la Grande Honte».

À Paris, j'ai inoculé à mon tour une bonne dose de honte à un travelo attrapé sur la rue en passant en taxi tard la nuit. Elle était magnifique. Debout, alors que nous étions presque nus, j'aperçus ce qui semblait être un pénis bien camouflé dans l'aine de cette belle blonde aux seins célestes. Alors je le lance sur le lit, lui met un pied sur la gorge, tout en lui arrachant de rage quelques touffes de ses véritables cheveux blonds, sacrant comme un régiment de Québécois en Normandie. Je suis certain que j'ai amené ce travelo au bord d'un infarctus de honte. Et même au-delà.

Le taxi libéré

6 h 00 a.m., entre chien et chien, dans les belles années de la bohème. Je sors d'un bar clandestin avec un copain. Nous titubons un peu alors les taxis se font doublement rares. «T'en fais pas, le prochain va s'arrêter.» Et je me couche dans la rue de tout mon long, regardant venir le chauffeur bien dans les yeux. Mais ce dernier écrase l'accélérateur, pensant apeurer cet intrus sur la chaussée. Il a bien mal choisi car je ne bouge pas. Alors il me passe dessus : deux roues sur l'épaule, sur le thorax et la hanche. Mon copain me croit mort. Le taxi stoppe. Je me relève et dis au chauffeur qui accourt : «Je suis O.K. Je ne porte pas plainte.» Quelle libération pour ce taximan qui s'enfuit dans la brume. Nous nous rendons enfin à la taverne de nos propres ailes. J'ai joui de plaisir en voyant les yeux du serveur rivés sur mon veston de cuir qui portait les traces de pneus toutes fraîches, sa main soutenant le cabaret faisait cliqueter les verres devant l'hyper-réalité de la situation. Le pauvre homme savait que ce veston n'avait pas été déposé dans la rue sous des roues sans que je sois dedans.

Napoléon et Joséphine

L'un de mes copains avait deux animaux de compagnie, des souris. Il les amenait partout. C'était en tous cas plus original qu'un chien pour éloigner ou attirer les filles. Mais il ne fallait jamais me dire : «T'as peur !» Pour son malheur, ce peintre et ami me lança à la taverne le défi de manger l'une de ses bestioles : alors j'ai pris Joséphine, jouant avec sa tête autour de ma bouche et, à la surprise de tous, crac, je lui coupe le cou avec mes dents. Les yeux écarquillés, mon copain était paralysé pendant que je mangeais la souris entre quelques rasades de bière, sa queue pendante au coin de ma bouche. Le plus extraordinaire : c'est seulement lorsque j'ai craché les petites dents une à une sur la table comme des noyaux de raisin que mon copain a réalisé le noble décès de Joséphine dans la bouche du poète. Fait encore plus incroyable, je n'ai pas été malade. Quelques mois plus tard, je me suis pourtant empoisonné en mangeant une fleur, un magnifique quatre-saisons mauve. Mon copain s'est sauvé en courant avec Napoléon, son autre souris, avant que le Gargantua que j'étais devenu ne la dévore.

Le tatouage

Dans les Caraïbes depuis trois ans, je sirotais une bière un après-midi, assis chez un grossiste avec des copains. Tous sont noirs sauf moi qui suis rosé couleur cuivre. Un taxi s'arrête, un touriste en descend pour faire ses provisions de rhum et mixer ses propres drinks dans ma chambre du Club Med. Il m'interpelle : « Je vous connais, vous. Vous avez un tattoo sur la fesse droite. » Quel malaise chez mes copains, pourtant habitués à me voir nu quand nous enfilons nos habits de plongée sur la plage et qui par le fait même savaient que j'avais ce tatouage. «Oui, oui, vous avez un tattoo, je l'ai vu à la TV», insista l'autre.

Quel soulagement quand la mémoire me revint et que je racontai aux copains, en souriant, que j'avais effectivement déjà baissé ma culotte il y a quelques années, à la TV, devant deux millions de téléspectateurs, à la demande de l'animateur d'un talk show de Montréal.

Incartade en Arctique

Je me suis retrouvé, le 22 mai 1986, sur le brise-glace Des Groseillers, au bassin de la garde côtière de la ville de Québec, afin d'entre-prendre un voyage historique. Il s'agissait du premier bateau à pénétrer le détroit de Lancas-ter à l'entrée du Passage du Nord-Ouest, à une époque aussi précoce de l'année.

Mon premier ours polaire marchait tranquil-lement dans la liberté, en ses paradis de glace. C'est toujours fantastique de rencontrer quel-qu'un qui est heureux comme lui. Tout ce que je souhaite est d'en avoir un comme ami. Il a tant à dire, comme une femme en amour. Avec lui je me sens en sécurité, il est le roi, marchant tranquillement et faisant la ronde de ses châ-teaux tout chauds : ce sont les icebergs.

Je sentais que j'étais venu là pour élargir ma paix et que si je réussissais à donner l'appétit + la faim d'espace, ce voyage aurait été un big succès d'âme et de tout. Tout ce coin arctique m'a donné encore plus faim de vivre. Quand je regardais le vaste monde, je me disais que c'est quand même un tour de force de ne pas avoir encore été emporté par la bohème folle et si suave comme Elvis ou Artaud.

Le Grand Nord est l'absence du mensonge.

La fourchette intruse

À l'époque de la grande bohème, l'anarchie, le je-m'en-foutisme et la brisure des règles étaient de mise. Être un monstre était bien. J'avais un ami poète que j'ai bien aimé et bien connu. C'était Claude Gauvreau, qui s'est suicidé pour se libérer des psychiatres psychopathes et des électros. Assis face à face, on ne se parlait pas beaucoup, le respect était mutuel et un mur protecteur nous enveloppait. Un soir, au bar La Hutte suisse, nous étions bien ensemble, dans un silence plein. On entendit bien une altercation dans le fond du bar, mais nous étions déjà ailleurs, dans les vapes du vivre. Une fille, le visage en sang, passe près de nous qui la regardons sans émotion, comme quand on jette un œil sur un écran de TV dans un magasin de meubles. Elle avait une fourchette plantée dans l'œil. Toujours sans nous énerver, nous lui avons calmement suggéré d'aller au bar chercher de l'aide, et de demander à quelqu'un d'appeler la police.

En soulevant le couvercle de quelques centimètres, je n'ai vu que des pneus venant à toute vitesse. «Mon Dieu, je vais mourir de faim et de soif à quelques pieds de la Cathédrale.» Crier était inutile, sortir était suicidaire. Que faire? Marcher dans ce tunnel et trouver une rue plus tranquille pour sortir? Que faire? Alors, dans un grand cri, j'ai projeté le couvercle hors de son socle, les deux bras bien en l'air comme Federico Lorca. Je vois encore les visages de gens dans leurs autos et camions se rendant au travail. Tout le monde a stoppé. Je m'en suis sorti indemne, replaçant le lourd couvercle au son des klaxons et des insultes avant de rentrer à la taverne, heureux de vivre à l'air libre.

La deuxième fois, c'était sur le même coin de rue, en hiver. Souvent les libations de cinq ou six jours sans dormir étaient si fortes que nous ne rentrions pas toujours à la maison... Une nuit, en sortant, j'aperçus un beau tas de détritus, des boîtes de cartons et de bois, des sacs de guenilles qui pourraient me protéger du froid. Je m'y suis emmitouflé avec tout ce qui s'y trouvait. Pour ne pas me faire voler, je disparus complètement sous l'amoncellement. Le réveil fut brutal : tout ce que je vis à deux pouces de mon visage était une dent énorme et métallique. Quelle vision monstrueuse d'un autre monde ! Je lâchai un cri, les bras encore levés en signe de détresse, dans un dernier appel à la vie comme sur les palissades : il était moins cinq. J'aimerais avoir une photo du visage de cet opérateur de machinerie lourde qui, ce matin-là, était venu tout bonnement, avec sa benne mécanique, ramasser un tas de rebuts.

Port-Alfred

Un noble vieil homme aux cheveux blancs m'amenait tout enfant dans les caves de son hôtel près du port. Debout, en silence, sans respirer ou presque, nous attendions parfois une demi-heure. Et snap! Monsieur Gravel venait d'attraper un rat avec ses mains, lui brisant le cou sur le coup pour ne pas se faire mordre. Je n'ai jamais aimé les sports conventionnels.

Le sur place

Chez Jean-Pierre Goussaud, un ami compositeur en Normandie, on enregistra mon quatrième disque, *L'Ouverture du Paradis*. Le studio se trouvait dans une maison de ferme. Je vois d'ici les yeux des moutons passant devant la porte et deux hurluberlus tenant un microphone branché dans la grange pour capter les sons de leurs cloches live.

*

Ayant jadis vécu avec deux femmes, j'ai fait couler une bague en or avec un dauphin de chaque côté et une tête de cheval (mon signe chinois) sur onyx. Comble de malheur, ayant toujours eu la conduite automobile en horreur et donnant dans la vente de tableaux pour payer mes frasques, j'avais engagé un chauffeur à l'année pour faire la tournée des collectionneurs et des maîtresses. Je dis comble de malheur parce que les jaloux ont eu de quoi se mettre sous la dent. «Un poète en Cadillac, quoi? Ça ne se peut pas. Il doit être dans la drogue. En plus, il vit aux Bahamas. C'est un bourgeois. Ce qu'il écrit ne peut pas être fort... etc., etc.» Mais le temps est de mon bord. Je le sais. Je n'ai pas le choix : je ne peux écrire que du Péloquin, et je ne me promènerai pas en Renault 5 pour autant. Anyway je suis désormais à pied et j'écris à plein temps. Quant aux bijoux en or ou les bottes en serpent, avalez-les donc sans les avoir de travers dans vos gorges sales pleines de préjugés.

Amour et sexe

De toute ma vie je n'ai jamais vraiment associé le sexe et l'amour, ne pouvant passer une soie dentaire libératrice entre les deux. J'ai pourtant aimé et désiré et séduit en même temps, mais toujours avec mon sexe et mes doigts en forme de point d'interrogation. À la moitié de ma vie, j'ai épousé une fille des Caraïbes, descendante des Indiens Arawaks. Celle-là je l'ai dépucelée et je l'ai aimée éternellement, je l'ai conquise et fait jouir avec mon corps, avec plein de filles et de jouets, pour me retrouver cinq ans plus tard en un amour platonique avec elle et avec la mer où je ne me baignais même plus. Oui, hélas ! j'ai dû la quitter, faute de passion délirante doublée d'une stagnation d'écriture. Nous étions pourtant bien, la mer, elle et moi. Mais le cheval galopant est parti plonger sa tête dans des cuisses en terres du Nord et les crayons ont repris vie. Regarder la mer et ses yeux me comblait, mais je ne me perdais plus en eux. Peut-être suis-je fait pour les mers inaccessibles à falaises et les filles de petite vertu qui aiment la chose autant que moi.

Revenu pour un temps à Montréal, j'ai cependant beaucoup pleuré de m'être crevé le cœur, pendu à son visage et à la mer par les dents. J'étais pourtant fou de joie en me lançant en pleine mer à la chasse sans bouteilles, y étant aussi à l'aise qu'en forêt québécoise. Et comment ne pas avoir le cœur crevé en laissant son petit animal sur le bord de la route. Mais que la poésie m'emporte.

Saga du poète éclaté

J'ai une langue de porc trempée à toutes les sauces. Je suis un mangeur de montres. Je vais dans le bon sens et je vais dans le mauvais sens en même temps. Je n'ai aucun sens car je les ai tous à la fois, en fait je sens. Je crois au jardin des oliviers. J'y suis. Seul. En larmes de tout et en deuil de vous qui me glissez entre les doigts, qui passez vos vies à ouvrir ou à fermer des portes. J'y suis en ce jardin avec mon désir de chattes jamais comblé tant elles sont toutes belles.

Des êtres comme moi n'auraient jamais dû naître et c'est ce qui est arrivé. J'aurai été éternellement fasciné par la majesté des êtres humains, mais n'aurai aucun pardon pour la bassesse et les esprits étaux. Dans mes tréfonds, je sais et vois bien que quitter cette vie me fait vomir. Au moins je n'aurai jamais écrit une poésie de convenance dans ma vie échevelée de trous, de caves, de bars crasseux ou à la mer. Ma seule fierté aura été de ne plus avoir à signer mes textes pour qu'on les reconnaisse. Comme l'ours polaire, je ne veux plus mettre mon nom à l'endos de mes photos.

Je suis déterminé à faire la bombe jusqu'au bout, et c'est ce que je fais. Seule la poésie va encore faire danser les esprits sans aucun repos... Je me souviens d'un chaud compliment de William Burroughs à mon endroit, après un récital conjoint : « Tu es complètement fou, Péloquin », me lança-t-il dans son bel accent d'enfer.

*

Moi qui ai assiégé mon corps d'attaques inassouvies, vivant à soixante comme à trois fois vingt, je me demande ce qui va lâcher en premier. Où est-ce que ça va se passer ? À la jambe ? Au cœur ? Au cerveau ? Oh ! que non ! Loin de moi la mort compartimentée, je veux que tout saute en même temps. De grâce, ne me faites pas le coup de ne briser mon jouet qu'à une ou deux places, et ne venez pas non plus me parler de la fin du monde. Elle est déjà commencée dans vos chairs vieillissantes et dans la mort du premier être humain. Parlez-moi plutôt de la résurrection après l'éclatement de la terre. C'est ce en quoi je crois.

P.-S. Surveillez le proche et le moyen et tout ce maudit Orient. Car de là peut venir la tempête de merde et de fer de laquelle l'humanité peut très bien se passer avant sa disparition inévitable.

*

Au cours des ans, deux invitations amicales ont gravé mon nom dans le ciment du showbiz et du mondes des arts.

A. Le sculpteur Jordi Bonet m'invita à graver moi-même mes textes dans sa monumentale murale au Grand Théâtre de Québec. Je prends le train et, rendu sur place, je saute dans des habits de travail, casque dur et échelle à la main. Je monte alors dans les échafaudages et j'y grave mes textes. Je me souviens du point d'exclamation au bout de mon fameux cri d'amour qui tomba sur moi après le découpage dans le ciment frais : « *VOUS ÊTES PAS ÉCŒURÉS DE MOURIR, BANDE DE CAVES! C'EST ASSEZ!* » La population du globe double. Ceci est un cri d'amour et de détresse à la face des imbéciles que vous êtes devenus et avez toujours été.

B. Robert m'appelle en 1970 et me demande d'écrire un texte de chanson très rapidement pour mettre à l'endos, c'est-à-dire la face B d'un 45 tours qu'il se prépare à mettre sur le marché. Il trépigne, car sa chanson *California* est un hit selon lui. Je prends quelques minutes et lui livre le texte de Lindbergh.

*

La vente occasionnelle de mes livres écrits à la main, évalués entre cinq et trente mille dollars, n'a hélas pas la propriété de toucher beaucoup de gens. Sauf que lors d'expositions publiques, ces œuvres d'art leur sont accessibles avant de retourner en voûte. J'ai aussi édité avec mes textes des gravures de plusieurs peintres dont Henri Masson, Pellan, Cosgrove, etc., et construit des boîtiers limités contenant des textes à la main ou imprimés avec Jordi Bonet, Jesus Vilallonga, Connolly et autres. J'ai été marchand d'art par la suite, vendant par exemple du Riopelle, du Colville, du Ting, du Bonet, du Onley, car en visitant les collectionneurs ou des corporations avec mes choses à moi, on me demandait souvent si je pouvais trouver des pièces de tel ou tel artiste. Ces ventes me permettaient de payer mes abus et mes voyages à la mer pour garder mon corps en vie. Après la grande java débridée, je suis fier aujourd'hui d'être libéré de tout. On va bien ensemble, le rien et moi. Cependant l'écriture de ces manuscrits à coups de centaines d'heures à la main a fait de moi une sorte de moine flyé. De toute façon j'ai toujours adoré le tracé des plumes sur le papier, où apparaissent des mots et des lettres qui viennent d'une masse gélatineuse dans une boîte d'os, en passant par un bras, une main et l'air que l'on respire.

Mon ami Pierre m'a beaucoup touché en me rappelant l'un de mes récitals auquel il assista à l'ancienne Comédie-Canadienne, en compagnie d'une copine américaine qui ne comprenait pas un mot de français et qui a adoré le spectacle. Ça m'a fait chaud de savoir que quelques personnes ont reçu quelque chose au cours de mes entreprises poétiques au Québec, et cela bien au-delà de la langue qui supporte mes mots.

Sur l'amitié

Pepine avait chez lui une table en forme de chèvre avec tête, queue de corde, etc... J'ai amené ma mère visiter Gwendolyn, car elle est chèvre dans l'horoscope chinois. À la même époque, cet ami de Madrid m'a fait rencontrer le cinéaste Jodorowsky à Mexico City. Je nous vois encore prendre l'avion, chacun portant une des bottes de l'autre. Il nous arrivait parfois de prendre un bain ensemble en face à face pour ne pas couper le fil de nos conversations hors de ce monde.

*

Entendu quelque part : « Péloquin, tu es l'un des êtres les plus vulgaires que j'ai connus... » So what !

Adieu Bahamas aux eaux peu profondes

À mon réveil, – nous sommes à l'aube en juin 1997 – j'ai décidé de vendre tout ce qui me rattachait à la vie de mer et de quitter mes Bahamas tant aimées. J'y laisse ma femme, née ici sur cette île. Elle a 24 ans, elle peut tout refaire. Moi, cheval gambadant, j'étouffe. Sans pression, je ne puis écrire, en plus le sexe ne court pas assez les rues ici. La passion me manque, peut-être aussi les petits cafés au coin des rues et les mets chinois. Quant au froid, j'aviserai : il n'y a plus de paradis pour moi. Je pense aller travailler sur une petite goélette dans le Golfe ou en Islande.

Oui, j'ai le cœur brisé, mais gonflé à bloc. Il me reste six valises au monde. Vêtements, plumes, papiers, documents, paroles de chansons et notes inédites. Je suis sans le sou enfin.

Je me trouverai bien un petit meublé où me garder la queue vide et écrire. Encore une fois un matelas king size sera de mise. C'est toujours mon premier achat quand j'arrive dans une ville.

Oh que me voilà à 55 ans, le cœur brisé à deux places pour la première fois de ma vie. Le 5 devant être mon chiffre chanceux. De retour dans ma ville natale pour écrire loin de ma petite femme Crystal et de mes Bahamas adorées. Le problème, au Paradis, c'est qu'on ne peut pas écrire. Le cerveau devient mou. J'étais une algue folle au gré des courants. Amener mon corps à la table de travail tenait d'un exploit du Guinness. Je me suis exilé au Québec tant

aimé pour monter encore sur la ligne de feu poétique, sur scène, sur disque, ou dans mes livres, et partout. Mon atterrissage forcé dans un monde de cartes à puce, de toiles d'araignées «interniet», de boîtes vocales, s'est fait debout sur les oreilles. Puisse mon geste m'apporter de perdre la tête pour une femme (bi de préférence), car je ne veux plus mentir et je veux avoir la liberté d'amener mes maîtresses chez moi. Et chez nous, et écrire écrire, 'till the end. Puisse-t-elle être peut-être un cru de 55, 58, 62, 67 ou 70, ou une Cancer Poissons Scorpion ou ascendant vice versa, ou coquerelle je m'en balance. Puissent-elles être folles, portées sur la chose et libertaires en tout.

Je suis du signe Vierge, ouch! et je vis dans un ancien couvent, ouch! Je demandais récemment à une copine: «Vois-tu mon auréole de sainteté?» «Oui, dit-elle, je la vois, mais elle tient par les cornes.»

COMPOSÉ À MONTRÉAL
PAR GUY VERVILLE
ACHEVÉ D'IMPRIMER EN AOÛT 1998
SUR LES PRESSES DE L'IMPRIMERIE AGMV-MARQUIS
CAP-SAINT-IGNACE (QUÉBEC)
POUR LE COMPTE DE
LEMÉAC ÉDITEUR

DÉPÔT LÉGAL
1re ÉDITION : 3e TRIMESTRE 1998
(ÉD. 01/IMP. 01)